Die Liebe zu den
Kräutern

Die guten Seiten des Landlebens

Die Liebe zu den Kräutern

Maiga Werner

Dort-Hagenhausen-Verlag

Inhalt

I. Die Liebe zu den Kräutern – eine Einleitung	6
II. Kräuter und ihre Tradition – eine lange Geschichte	10
Aus dem göttlichen Garten der Artemis	14
Unbekannte Klassiker – wie die Römer gerne würzten	24
Die Gärten Karls des Großen – „Capitulare de villis"	42
Kräuter der Renaissance und Kräuterrenaissance – Delikatessen aus der Neuen Welt	50
III. Kräuter und ihre heilende Wirkung	54
Aus Hildegards heilender Küche	58
Ein Kraut, das unter die Haut geht!	69
Sterntaler und sonnige Kompositionen – Korbblütler und ihre sonnengleichen Blüten	74
Sauer macht lustig – Knöterichgewächse	80
In der Ruhe liegt die Kraft	84
Rosige Talente	87

IV. Küchenkräuter – ein kulinarischer Hochgenuss   94
  Die unbestechliche Schirmgesellschaft –
  würzige Doldengewächse   98
  Korianderglück   111
  Aromatische Lippenbekenntnisse – kulinarisches
  Labsal   115
  Die Scharfen und die Kohligen   128
  Die Erlauchten   134
  Widerborstig Feinsinnige – die Raublatt- oder
  Borretschgewächse   140

V. Der Kräutergarten   144
  Kräuter in der europäischen Gartentradition   146
  Das eigene Kräuterparadies   151

VI. Anhang   160
  Zuletzt ein Dank   160
  Bibliografie   163
  Register   166

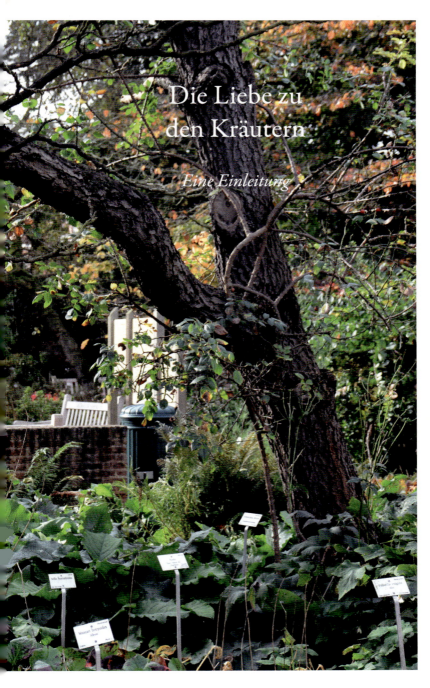

Die Liebe zu den Kräutern

Eine Einleitung

Die Liebe zu den Kräutern – eine Einleitung

Die Liebe zu Kräutern, zum Garten oder der Natur als Ganzes schlummert tief verwurzelt in uns. Wir erfreuen uns am Grün, und sei der Ausblick darauf noch so klein. Er tut uns gut, egal ob man nun einen Garten hat oder eine Zimmerpflanze. Man hat sogar festgestellt, dass erkrankte Menschen mit Ausblick ins Grüne eines Parks schneller genesen als jene, deren Blick nur eine Hauswand streifen kann. Ich lade also herzlich dazu ein, den Blick auf diese grüne Welt zu lenken, vor allem auf den bunten und faszinierenden Kräuterreichtum, der mein persönliches und berufliches Steckenpferd darstellt.

In meinen Kräuter-Seminaren im Naturkräutergarten erfahre ich, wie der Mensch aufatmet inmitten der wilden Kräuterwelten. Obwohl sich mein Garten auf den ersten Blick einer geordneten Beetstruktur mit Blütenrausch oder Gemüsezeilen entzieht, erkennt die Seele sofort die Natürlichkeit der Kräutervielfalt. Hier folgen wir der Natur und können beobachten und lauschen, was sie uns zu erzählen hat. So wird unsere schlummernde Liebe zu den Kräutern geweckt und angeregt. Ich selbst bin immer wieder begeistert, was im Garten passiert, was sich jedes Jahr ändert, welche Pflanzen sich mögen, vermehren oder vergehen, und lese gerne, was andere erfahren haben.

Befand sich ehedem das Kräuterwissen noch in einem lebendigen, täglich praktizierten und erfahrbaren, magischen und göttlichen Vertrauenskontext, müssen wir uns heute mühsam aller Zweifel entledigen und uns einen neuen Zugang erarbeiten. Das ist zumindest der Eindruck, den mir meine Seminare immer wieder vermitteln. In den Begegnungen mit interessierten Menschen fällt mir immer wieder auf, wie wenig vertraut uns die wilde Pflanzenwelt ist – aber auch, wie sehr sie uns fasziniert.

Heute fehlt uns häufig der natürliche Bezug zu allem, was die Erde seit Jahrmillionen hervorbringt. Wir haben aus Unwissen manchmal auch einfach Angst vor Löwenzahn und Co. Oft werde ich in Seminaren gefragt, ob denn nicht der Saft in den Stängeln giftig sei. Auch die Blüten der Kräuter kulinarisch zu verwenden, erstaunt viele Teilnehmer. Wenn wir dann gemeinsam das frische Kraut oder die Blüten probieren, sind viele Fragen, Rätsel oder Zweifel gelöst. Der eigene Gaumen überzeugt noch schneller als die schönsten Geschichten.

Der Schritt vom Wildkraut zum Küchenkraut oder gar zum Gourmethit ist oft ganz kurz. Ein Gang in einen orientalischen Laden um die Ecke lässt uns oft fündig werden. Dort wird zum Beispiel kultivierter Riesenlöwenzahn als Salat angeboten. In Frankreich isst man ihn genauso gerne wie die traditionelle Sauerampfersuppe. Milchsauer eingelegt in Gläsern, steht der Sauerampfer dort ganz selbstverständlich im Regal neben Sauerkraut. In Sternerestaurants findet man frittierten Spitzwegerich oder Süßdoldenparfait, vom Wildkräutersalat ganz zu schweigen. Ehedem noch alltägliche Nahrung, gestern vergessen, verteufelt oder verpönt, heute zum „must-have" avanciert – die Wildpflanzen sind ein spannendes Terrain, dessen Entdeckung wir uns getrost wieder zuwenden können.

Und ihre Verwendung in Küche und Heilpraxis hat eine lange Tradition. Blicken wir gemeinsam zurück und staunen wir über die Kräutergeschichte und -geschichten.

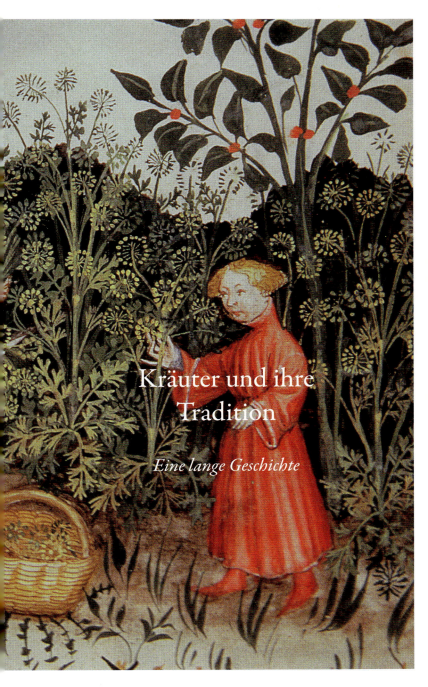

Kräuter und ihre Tradition

Eine lange Geschichte

Kräuter und ihre Tradition – eine lange Geschichte

Wir können davon ausgehen, dass Kräuter schon lange vor der Geschichtsschreibung ganz normale Lebensmittel waren. Wahrscheinlich nutzten bereits die Steinzeitmenschen vor rund 50 000 Jahren Kräuter als leckeren Bestandteil ihrer täglichen Ernährung. Löwenzahn, Spitzwegerich, Sauerampfer oder Gänseblümchen brauchte man nur zu pflücken und zu essen. Das war noch einfacher als Beeren zu sammeln oder gar Mammuts zu jagen. Und es machte satt.

Aus der Antike sind uns dann zahlreiche Formen der Nutzung von Heil- und Küchenkräutern überliefert. Der Gewürzhandel zwischen den Ländern des Mittelmeerraums und dem Orient blühte, seltene Kräuter und Gewürze waren heiß begehrt, und insbesondere die Römer liebten scharfe, kräftige Kräuter zum Würzen ihrer Speisen.

Im Mittelalter waren es vor allem die Klöster, denen wir die Bewahrung und Weitergabe der Kräutervielfalt verdanken. Sie pflegten in ihren Nutzgärten zahlreiche Pflanzen, die sie als Küchen- und vor allem als Heilkräuter täglich einsetzten.

Streifen wir also durch die Geschichte der Kräuter und lernen wir zunächst die wilden Heil-, Duft- und Küchenpflanzen kennen, die uns die Antike für den täglichen Gaumenschmaus zähmte. Dabei werden wir sehen, dass die Pflanzen früher oft den Göttern geweiht oder mit göttlichen Eigenschaften ausgestattet wurden. Noch heute können wir in so manchem botanischen Namen Charakter, Eigenschaften, Verwendungszwecke oder Talente erkennen, die man den Pflanzen zuschrieb. Ein Beispiel sind die Artemisiagewächse, eine Gattung aus der Familie der Korbblütler oder *Asteraceae*.

Aus dem göttlichen Garten der Artemis

If they would drink nettles in March
And eat mugwort in May
So many fine maidens
Wouldn't go to he clay

Im März sie müssten Nesseln trinken
Und Beifuß essen dann im Mai
Mit so vielen schönen Mädchen
Wäre es nicht so schnell vorbei.

ALTE ENGLISCHE VOLKSWEISHEIT

Was haben die Gewächse der Gattung *Artemisia*, zu denen Estragon, Beifuß, Eberraute, Wermut und andere Edelrauten als die uns bekanntesten gehören, gemeinsam? Sie alle stehen im Zeichen der antiken Göttin Artemis, der Göttin der Jagd, des Waldes und der Hüterin der Frauen und Kinder. Ihr Name erinnert uns an die Würdigung, die wir Menschen den Pflanzen seinerzeit entgegenbrachten, und verleiht den Kräutern dieser Gattung zugleich etwas Archaisches. Der Beifuß zum Beispiel begleitet den Menschen schon seit vielen Jahrtausenden und doch ist er heute wenig bekannt und wird selten benutzt. Er findet sich nachweislich rund um den Globus in allen Kulturen und wurde dort traditionell auch ganz ähnlich gebraucht – als heilige Heilpflanze, als Schutz- und Kraftpflanze. Als „Macht-Wurz" – noch heute im englischen Wort „mugwort" erkennbar – wirkte sie im Zusammenhang mit Leben und Tod, für den Jagenden und Kriegenden ebenso wie für die Zeugenden und Gebärenden.

*In Wien, Paris, Rom und Lüttich enstanden zwischen dem
11. und 13. Jh. Bildkodizes zum Heilwissen. Hier: Salbeipflücken.*

Beifuß – *Artemisia vulgare*

Charakter: Den struppigen Beifuß finden wir auf sonnigen, trockenen Wegrändern, Böschungen, Bahndämmen oder Schuttplätzen. Er kommt nicht nur gut mit trockenen Standorten zurecht, traditionell wird ihm auch eine neutralisierende Wirkung auf unwirtliche Plätze zugeschrieben. So setzte man ihn früher ein, um witterungsbedingte Einflüsse wie Gewitter oder Unwettergefahren zu bannen. Heute wird ihm gerne eine neutralisierende Wirkung gegen Elektrosmog nachgesagt.

Küchenlatein: Seine Bitterstoffe macht man sich traditionell im Gänsebraten zunutze, weil er hilft, die schweren Fette besser zu verdauen. Dabei gibt es verschiedene Varianten. Mal wird die Gans mit Beifuß abgerieben, mal wird der Beifuß in den Bratensud gegeben, oder klein geschnittener Beifuß würzt kräftig die Füllung für die Gans.

Talente: Die erfahrene Heilpraktikerin und Autorin Margret Madejsky tituliert den Beifuß in ihrem „Lexikon der Frauenkräuter" als „Universalmedizin für Geburt und Mondblutung", er sei verdauungsanregend und menstruationsregulierend.

Die Weihnachtsgans

Die Ursprünge unseres Gänsebratens mit Beifuß reichen weit zurück in archaische Welten, in denen die Sonnenwenden eine wichtige Rolle als Zeiten des Übergangs in Anderswelten spielten, so zum Beispiel die Wintersonnenwende, die zeitlich fast genau mit unserem heutigen Weihnachtsfest zusammenfällt. In allen Kulturen gab es stets Göttinnen und Götter, aber auch Tiere, die diese Übergänge oder Zustände symbolisierten. Kräuterwissende sahen in den Zugvögeln, besonders den Gänsen, ein Symbol für die wiederkehrenden Sonnenwenden, vor allem für die Tag- und Nachtgleichen, wenn die Vögel, wie die Sonne, kamen und gingen. Der Frühling kündigt den Sommer an, das Leben, die Nahrung, und der Herbst kündet vom nahenden Winter und vom Tod.

Das Kommen und Gehen von einer Welt in die andere musste gut vorbereitet sein, und so nahmen unsere Vorfahren den Beifuß als schützendes Kraut für allerlei Rituale, die genau solche Übergänge feiern oder unterstützen sollten. So wie die Gänse von einer Welt in die andere fliegen, so „flogen" auch Schamanen von einer Welt in die andere, um Informationen aus der Anderswelt zu erkunden. Um aber unbeschadet und mit neuen oder heilenden Eindrücken und Botschaften in den Alltag zurückzukehren, sollte der Beifuß in vielfältiger Gestalt helfen. Man räucherte Lebensmittel mit ihm, trug das Kraut bei sich oder rieb sich damit vor dem „Flug", der Versenkung oder der Meditation ab. Mitunter wurde dann vorher die heilige Gans geopfert und man rieb sie mit Beifuß ab. Ein Ritual, aus dem im Laufe der Jahrhunderte unser heutiger Festschmaus für die Weihnachtstage hervorgegangen ist.

Wermut – *Artemisia absinthium*

Charakter: Als berühmt-berüchtigtes Getränk der Bohème ist der Wermut im sogenannten Absinth verewigt. Eigentlich als Medizin im Algerienkrieg für die französischen Soldaten ein Segen, wurde er schnell zur Gewohnheit, bis um die Wende zum 20. Jahrhundert Menschen abhängig und krank wurden. So verbot Frankreich die Produktion und den Verkauf des geliebten Absinths, der natürlich heimlich oder im Ausland weiter produziert wurde.

Küchenlatein: In der Küche verwendet man das extrem bittere Kraut höchst sparsam und eher noch als Digestif, denn es soll galleanregend und wurmtreibend sein. In vielen Kräuterbüchern finden wir immer wieder die Angaben zur Wirkung gegen Würmer. Offensichtlich wurde man häufig von diesen Plagegeistern belästigt.

Garten: Im Garten meiden die meisten Kräuter oder Pflanzen die Nachbarschaft des Wermuts, aber die Johannisbeersträucher lieben ihn! Wermutjauche oder Wermutauszug (Rezepte siehe Brennnessel) helfen aber auch als Spritzung gegen Blattläuse, Kohlweißlinge oder Erdbeermilben.

Von einer modernen Absinth-Fee

In dem Film „Moulin Rouge" (2001) von Baz Luhrmann, der um die Jahrhundertwende in den Kreisen der französischen Bohème spielt, taucht eine kleine Absinth-Fee auf, die von Kylie Minogue gespielt wird. Sie erinnert uns an das einst so verheerende Getränk, in dem auch Anis, Fenchel oder Angelika enthalten sind.

Um 1860 war Absinthtrinken in Frankreich derart schick,
dass man die Zeit zwischen 17 und 19 Uhr „Grüne Stunde" nannte.

Estragon – *Artemisia dracunculus*

Charakter: Estragon stammt ursprünglich aus Russland und ist als Staude in unserem Klima unverwüstlich. Der französische Kräuterarzt Maurice Mességué schwärmt vom Estragon und seiner kräuterkundigen Großmutter, die ihn als Kind in den Estragon schickte, um jedwedes Zipperlein zu kurieren, ob nun Schluckauf oder Darmparasiten – der Estragon musste alles heilen oder scharfe Speisen mildern und Eingemachtes würzen.

Küchenlatein: Und tatsächlich ist der Estragon für unseren Gaumen die mildeste Form der sonst so bitteren Artemisiagewächse. Frisch betört er uns mit seinem unvergleichlichen, leicht süßlich-herben Aroma und entfaltet es besonders gut in Gerichten, in denen Quark oder Sahne verwendet wird. Und, ein Wunder – die Römer kannten ihn nicht! Sie hätten seine aromatischen Vorzüge bestimmt geliebt!

Talente: Mességué empfiehlt den Estragon bei Appetitlosigkeit, Magenverstimmung oder Verdauungsbeschwerden – im Grunde bei allen Beschwerden, die den Stoffwechsel betreffen, aber auch bei Zahnschmerzen oder Rheuma sei er nicht zu verachten. Dazu nehme man das frische Kraut, verrühre es im Mörser zu einem Brei und lege es auf die schmerzende Stelle.

Garten: Es gibt verschiedene Sorten, die mal mehr und mal weniger aromatisch sind – wohl aber sind alle gleich robust. Die eher duftigen Sorten heißen Französischer oder Thüringischer Estragon. Über die Jahre verbreitet sich der Estragon langsam durch Wurzelausläufer und mag trotz seiner Anspruchslosigkeit gerne lockeren, guten Boden. Im Balkonkasten oder im Kübel muss man die Staude jedes Jahr teilen und neu einpflanzen, um ihr wieder Platz zu verschaffen.

Sauce béarnaise

Heute hat der Estragon seinen festen Platz in der Sauce béarnaise:

*1 TL weiße Pfefferkörner • 2 Schalotten • 1 TL Olivenöl
1 Handvoll frische Estragonblätter (oder 1 EL gerebelter, getrockneter Estragon) • 5 EL Essig • 100 ml Weißwein •
5 Eigelbe • 250 g Butter • Salz • 1 Zitrone*

*Die Pfefferkörner im Mörser grob zerdrücken, die Schalotten schälen und in feine Ringe schneiden. Beides mit dem Öl und der Hälfte des Estragons anschwitzen. Mit Essig und Weißwein ablöschen und reduzieren, abseihen und abkühlen lassen.
Die Eigelbe über einem heißen Wasserbad cremig aufschlagen und die reduzierte Soße dazugeben, das Ganze wieder abkühlen lassen. Anschließend die Butter lauwarm in kleinen Mengen unter die Soße schlagen. Mit den restlichen gehackten Kräutern, Salz und Zitronensaft abschmecken.*

Eberraute – *Artemisia abrotanum*

Charakter: Eine robuste Gartenstaude, die zur Freude aller Kinder nach Cola duftet, in der Antike auch zu Duftkränzen gewunden wurde und noch im Mittelalter als vorzüglicher Raumduftspender erhalten blieb.

Küchenlatein: Das Aroma der Eberraute und ihrer Verwandten, der Kampfer-Eberraute, ist sehr intensiv und aufgrund seiner Bitterkeit kaum kulinarisch zu verwenden. Seine Bitterstoffe sollen aber, wie schon bei den anderen Artemisia-Gewächsen, fette Speisen verträglicher machen.

Talente: Margret Madejsky beschreibt die Eberraute, wie auch Beifuß und Wermut, als menstruationsfördernd und reinigend und gibt uns in ihrem „Lexikon der Frauenkräuter" allerlei Rezepte dazu an die Hand. Auch bei Marlis Bader finden wir ein einfaches Rezept für Räucherstäbchen: Man erntet das frische und kurz vor der Blüte stehende Kraut, bindet jeweils 4 bis 6 Stängel mit einem Bindfaden zusammen und legt diese Bündel in den warmen Schatten zum Trocknen. Später kann man die Büschel dann wie ein Räucherstäbchen abbrennen lassen oder sie einfach als Wintervorrat nutzen.

Artemis im Garten

Als Schmuckstauden und Abwechslung im Garten gibt es die silbrig-filigranen Arten wie Pontischer Beifuß (Artemisia pontica) und Silberraute (Artemisia ludoviciana). Viele Arten bestechen mit ihren grauen und silbrigen Blättern, ihrem aufrechten und horstigen Wuchs und vermitteln zwischen den bunten Farben fröhlich blühender Blumen. Auf diese Weise lassen sich verschiedene Farben auch in kleinen Gärten miteinander kombinieren. Einmal im Garten an einer sonnigen Stelle gesetzt, etablieren sich die Stauden gerne als Zwischenpflanzung und neutrale Tupfer im farbigen Blütenmeer.

Die Polster-Silberraute (Artemisia schmidtiana ‚Nana') und die in den Alpen zu findende Gletscherraute (Artemisia glacialis) bilden schöne Duftrasen für Steingärten oder hängende Kübel. Eine besonders feine Duftnote hat der einjährige Beifuß (Artemisia annua) mit Ursprungsgebiet Eurasien.

Wir verabschieden uns von der griechischen Göttin Artemis und ihren nachtgrauen und auch noch bei Vollmond silbrig schimmernden Pflanzen, um zu den römischen Nachbarn zu reisen und ihre Lieblingspflanzen kennenzulernen.

Wandmalerei in Pompeji

Unbekannte Klassiker –
wie die Römer gerne würzten

Basilikum und Rucola sind schon längst wieder von Italien in unsere moderne Küche eingewandert. Echtes Genoveser Pesto ist ja auch unschlagbar lecker, und eine Pizza mit frischer Rucola und feinem italienischen Schinken – wer kann dazu schon nein sagen!

Pfeffer scheint eines der beliebtesten Gewürze der antiken römischen Küche gewesen zu sein, gefolgt von Garum, einer salzigen Fischwürze, Wein, Öl, Honig, Essig, Kreuzkümmel, Koriander, Weinraute, Silphium und Asafoetida, gefolgt von Salz, Minze, Oregano, Rucola und vielen weiteren für uns typisch mediterranen Kräutern, die wir auch heute noch gerne verwenden. Neben den heimischen Kräutern und Gewürzen des Mittelmeeres waren die Exoten wie Basilikum, Ingwer, Kardamom oder Zimt und Co. sehr beliebt in der römischen Küche.

Eine Portion Pfeffer, etwa so viel wie der Inhalt unserer modernen Pfefferstreuer, kostete den Tagessold eines einfachen

Soldaten. Der ausschließlich aus Indien stammende Pfeffer ist den antiken Römern in einigen Varianten bekannt und sehr begehrt. Ersatz bieten manchmal die schwarzen dicken Samen der Gelbdolde, die in Küstennähe in Südeuropa wächst. Roger Phillips, ein englischer Pflanzenkenner und Autor, erzählt uns davon, dass die Gelbdolde und der Giersch durch die Römer in England ein neues wildes Zuhause gefunden haben. An den Küsten Südenglands sieht man die Gelbdolde in trautem Einklang mit mehrjährigem Kohl wachsen.

Gelbdolde, Pferdeeppich oder Alexanders – *Smyrnium olusatrum* oder *perfoliatum*

Charakter: Über so manche Pflanze, die man zunächst nur am Mittelmeer vermutet, kann man den Spuren der Römer folgen. So hinterließen sie wohl auch die eher Wärme liebende Gelbdolde an den Küsten Englands. In Meeresnähe fühlt sich das Kraut, auch Alexanders oder Pferdeppich genannt, besonders wohl, aber es wird auch bei den Pflanzen der Landgüterverordnung Karls des Großen erwähnt und ist teils verwildert in Deutschland anzutreffen. Dennoch ist es mir noch nicht gelungen, es in meinem Garten blühen zu sehen. Hier treibt der Alexanders jedes Jahr üppiges Grün, doch Mitte des Jahres, wenn er blühen sollte, zieht er sich wieder zurück.

Küchenlatein: In der Antike und im Mittelalter war der Pferdeeppich noch ein ganz normales Gemüse, das wie Spinat verwendet wurde oder in leckeren Aufläufen gefiel. Auch die dicken schwarzen Samenkörner sind essbar, sie sind aromatisch und scharf und wurden von den Römern gerne als Pfefferersatz verwendet. Roger Phillips schwärmt von den dicken fleischigen Stängeln und Schossen, die er wie Spargel zubereitet, und erzählt uns, dass die ganze Pflanze genutzt und später vom Sellerie abgelöst wurde.

Talente: Wie viele Doldengewächse wirkt sich auch die Gelbdolde positiv auf unsere Verdauung aus. Nach dem Vorbild der Römer können wir unserem Körper schon beim Verzehr eines Alexanders-Spinats einfach mal was Gutes gönnen! Aber auch frisch oder getrocknet eignet sich das Kraut der Pflanze als wohltuender Tee oder Würze.

Garten: Die Doldengewächse verschwenden sich gerne je nach Jahreszeit und Wuchsstadium in den jeweiligen Pflanzenteilen. Die Gelbdolde ist im Winter, wenn es in ihrer Heimat schön feucht ist, üppig grün, während sie im Sommer schon all ihre Kraft in die Samen gesteckt hat und das Laub bereits weitgehend verwelkt und gefallen ist.

Ysop – *Hyssopus officinalis*

Charakter: Von Hippokrates bis heute scheint der aus mediterranen Gefilden stammende Ysop still im Hintergrund zu wirken. Ob seine Zeit einfach noch nicht gekommen ist? In den einschlägigsten Kräuter- und Phytotherapiebüchern wird er eher selten erwähnt.

Küchenlatein: Dabei ist sein kräftiger Geschmack mit einem Hauch von herber Minze, Anis und Schokolade unvergleichlich spannend. Ysop verzaubert mit seinem pikanten Aroma herzhafte Gerichte aus Bohnen, Linsen oder Erbsen und hilft so dem Stoffwechsel auf die Sprünge. Aber auch für Fruchtaufstriche eignet sich sein leicht herber Geschmack, um die Süße von Quitten oder Birnen zu unterstreichen.

Talente: Ein Tee aus frischem oder getrocknetem Ysop ist gut für die Atemwege und die Verdauung, denn er hilft hartnäckigen Schleim zu lösen und wirkt unterstützend bei der Befreiung von Darmparasiten. Darüber hinaus wirkt er klärend auf den Geist und das Gemüt. Es ist wohltuend, seinen herben, ätherischen Duft einzuatmen.

„Patella ex olisatro"

Ein Alexanders-Auflauf – frei nach Apicius

Blanchiere grobgehackte Gelbdoldenstängel und Blätter, lasse sie abtropfen und gebe sie in eine Auflaufform. Schlage acht Eier auf und gib zerstoßenen Pfeffer, Koriander, Bohnenkraut und Zwiebel dazu, wie auch ein wenig Wein, Essig und Öl und Salz. Das Ganze entweder im Ofen garen oder wie ein Omelette in einer Pfanne. Kurz vor dem Servieren mit frischem Pfeffer und Thymian bestreuen. Und wenn man nun kein Alexanders hat? Apicius schlägt viele andere Gemüsesorten als mögliche Varianten vor: „Und mit jedem beliebigen Gemüse mache es so wie oben, wenn du willst."

Garten: Heiß geliebt wird der Ysop von Bienen, Hummeln und Schmetterlingen und er bezieht gerne für immer einen sonnigen, relativ freien Platz im Garten. Ysop ist aber nicht nur als kleine Dufthecke, kulinarisch und optisch ein Highlight, sondern hält auch die Kohlweißlinge vom Kohl fern. Statt Buchsbaum eignet sich also für einen Gemüsegarten durchaus eine Hecke aus Kräuterstauden. Ausgewildert findet man den Ysop als Neophyt vor allem in Thüringen. Neben dem schönen kräftigen Blau des blühenden Ysops kann man auch rosa und weiß blühenden Ysop in den Garten pflanzen und sich das frische blühende Kraut für den Wintervorrat trocknen, da er sich mindestens einmal im frühen Sommer gut wie eine Buchshecke schneiden lässt.

Der späteste Schnitt sollte nach der Blüte erfolgen, damit die Büsche noch einmal vor dem Winter schön kräftig und buschig werden können, um sich gut vor dem Frost zu schützen. Ansonsten ist kein Winterschutz nötig, auch wenn der Ysop aus mediterranen Gefilden stammt.

Diesen schattigen Hain ziert dunkelfarbiger Raute
Grünend Gebüsch.
Ihre Blätter sind klein, und so streut sie wie Schirmchen
Kurz ihren Schatten nur hin.
Sie sendet das Wehen des Windes
Durch und die Strahlen Apolls bis tief zu den untersten Stengeln.
Rührt man leicht sie nur an, so verbreitet sie starke Gerüche.
Kräftig vermag sie zu wirken, mit vielfacher Heilkraft versehen,
So, wie man sagt, bekämpft sie besonders verborgene Gifte,
Reinigt den Körper von Säften, die ihn verderblich befallen.

Walahfried Strabo, Hortulus

Weinraute – *Ruta graveolens*

Charakter: Wie der Ysop entstammt auch die Weinraute mediterranen Gefilden und wurde von den Römern, die die intensiven Gewürze liebten, vielfach verwendet. Am Oberrhein und an der Saale kommt die Weinraute auch verwildert vor, ansonsten ist sie in Deutschland nur vereinzelt anzutreffen.

Küchenlatein: Mit ihrem eindeutigen Kokosaroma kann man in der Küche wunderbar experimentieren, sofern man sie wohldosiert einsetzt (siehe Talente). Ich möchte nicht mehr auf den außergewöhnlichen Geschmack von Raute verzichten. Ein paar Blättchen über Nacht in Sahne ziehen lassen und das Kraut vor Gebrauch der Sahne wieder entfernen – das verspricht eine feine „Schokokokossahne", die man als Häubchen auf einer Suppe genießen kann. In der Antike wurde auch Wein mit Raute versetzt.

Talente: Vorsicht bei der Dosierung in der Küche ist deshalb geboten, weil das Kraut einst als Abtreibungsmittel missbraucht wurde. Bei Gebärenden wurde die Weinraute in der Frauenheilkunde durchaus mit Erfolg eingesetzt, aber Schwangere sollten vom Verzehr absehen. In der Homöopathie ist die Weinraute ein bewährtes Mittel bei Augenleiden, Prellungen, Quetschungen und Zerrungen, und die Naturheilkunde macht sich die hautreizende Wirkung insbesondere des frischen Krauts zunutze. Im Normalfall ist aber Vorsicht beim Anfassen mit bloßen Händen geboten, es empfiehlt sich, immer mit Handschuhen zu arbeiten, wenn man weiß, dass man eine zarte Haut hat.

Garten: Als robuste Gartenstaude ist die Weinraute nicht nur eine Rosenfreundin, weil sie Insekten abwehrt, sondern mit ihren ungewöhnlich geschnittenen grau-blauen Blättchen und feinen gelben Blüten auch eine Schmetterlings- und Augenweide. Man kann durch die Pflanzung im Garten den sehr seltenen Schwalbenschwanz-Schmetterling anlocken, dessen Raupen auch gerne Doldengewächse wie Möhren, Fenchel, Dill oder Petersilie und Liebstöckel fressen.

Safran – *Crocus sativus*

Charakter: Natürlich kannten und liebten die Römer auch den feinen Safran – eine Krokusart, die wohl ursprünglich aus Griechenland kommt und sich von dort über den gesamten Mittelmeerraum verbreitet hat. So heißt es bei Euripides über die Begegnung von Kreusa mit dem Gott Apoll: „Da erschienst du mit goldenem Haar schimmernd, als ich zur Blumenzier sammelte mir ins Gewand goldleuchtende Krokosblüten." Denn nicht nur für Speisen, sondern auch für die Gewänder der Edlen, Reichen und Götter wurden die feinen Safranfäden gesammelt.

Küchenlatein: „Safran macht den Kuchen gel", heißt es im Kinderlied und er zaubert nicht nur eine herrliche gold-gelbe Farbe, sondern auch einen ganz besonders aparten Geschmack in Gebäck und Speisen. Noch bei einer Verdünnung von 1:200 000 lässt sich die gelbe Farbe des Safrans erkennen. Und nur ein Hauch verleiht zum Beispiel einem Reisgericht ein ganz eigenes Aroma.

Talente: Mit diesem im Herbst blühenden Krokus kann man seinen Garten leicht bestücken. Die Knollen sind im Handel erhältlich und gedeihen sowohl im Blumenbeet als auch auf dem Rasen. Selbstverständlich kann man dann auch die drei Narben des Griffels ernten und auf einem Küchentuch trocknen. Das geht ziemlich schnell und so hat man leckeren eigenen Safran.

Katzenminze – *Nepeta cataria*

Charakter: Nicht nur für Katzen sind die Katzenminzen eine helle Freude. Die verschiedenen Arten beglücken auch den Gärtner und die Gärtnerin mit ihrem betörenden Duft – wenn man ihn mag!

Römisches Moretum

*Meine moderne Interpretation –
und ein wirklich leckerer Knoblauch-Frischkäse*

*1 Zwiebel • frische Kräuter wie Thymian, Bohnenkraut,
Weinraute, Minze, Schnittlauch, Koriander
1 Knoblauchknolle • 250 g Frischkäse, zum Beispiel Ricotta
oder auch Ziegenfrischkäse • 250 g Pecorino, fein gerieben
4 EL Olivenöl • 2 EL Essig • frisch gemahlener Pfeffer • Salz*

*Die Zwiebel schälen und fein hacken, die frischen Kräuter
ebenfalls fein hacken. Den Knoblauch im Mörser zerdrücken
und mit Frischkäse, Käse, Öl, Kräutern, Essig, Pfeffer und Salz
verrühren.*

Das Ursprungsrezept befindet sich in einer
Gedichtsammlung des antiken römischen
Dichters Vergil. Darin wird das Tagwerk eines
Bauern beschrieben und auch dessen Frühstück,
bestehend aus Moretum als Aufstrich für Brot.

Küchenlatein: Die Katzenminze hat einen ausgesprochen aparten Duft und Geschmack, wenn man sich auf das zarte Ungewöhnliche einlässt. Denn zunächst ist das Aroma merkwürdig, für manch einen unangenehm. Aber im Tee entfaltet Katzenminze einen süßlich-herben Geschmack, der nur ganz leicht an Minze erinnert. Auch für die Kombination mit anderen Kräutern eignet sie sich, hier lohnt es sich zu experimentieren. Auf Sahnetorten ist sie als Verzierung ein Gedicht, aber auch in Gemüse- oder Fleischgerichten macht sie sich wunderbar.

Talente: In der Naturheilkunde werden der Katzenminze allerlei heilende Kräfte zugesprochen. Ihre antibakterielle Wirkung macht sie insbesondere als Mittel bei Erkältungskrankheiten interessant. Außerdem hat sie eine beruhigende Wirkung.

Garten: Die Katzenminze liebt sandig-lockeren Boden und lässt sich wunderbar im Garten oder auf dem Balkon halten, denn sie ist nicht besonders schädlingsanfällig.

Gartenflüchtlinge und Gartenzuwanderer

Die Echte Katzenminze und die Zitronen-Katzenminze, eine Variante, die mit ganz extravagantem Zitronenaroma daherkommt, sind bei uns heimisch und in ihrem Bestand nicht ungefährdet. In Gärten werden die Arten ab und an von Vögeln oder Insekten eingeschleppt. Es ist immer ein Tipp von mir, wenn neue Pflanzen, sprich „Unkraut", im Garten aufgehen, sie erst einmal wachsen zu lassen und zu bestimmen, was da von selbst angeflogen kommt oder eingebürgert werden will. Es scheint, als würden die Pflanzen ein letztes Refugium suchen, um weiter existieren zu können. Manchmal erweist sich der Zufall auch als Segen, weil das „zugeflogene" Kraut über heilende Eigenschaften verfügt, die wir gerade brauchen.

Außerdem existieren noch viele Kräuter aus der Römerzeit und solche, die in den Klostergärten des Mittelalters gezogen wurden, von dort „entwischten" und sich seit Hunderten von Jahren in einer Art Einbürgerungszeit befinden. Man nennt diese Pflanzen dann Neophyten.

Die Kehrseite der Medaille ist, dass eingeschleppte oder botanischen Gärten entflohene Pflanzen die heimische Vielfalt bedrohen können. Das ist in manchen Gegenden etwa mit dem Indischen Springkraut oder dem japanischen Knöterich der Fall, die beide gerne an Ufern stehen und ihre Samen oder Wurzelstücke durch das fließende Gewässer rasch zur Ausbreitung bringen können.

Schafe und Ziegen können durch ihren Verbiss die Ausbreitung solcher Pflanzen eindämmen, und daneben gibt es auch ein paar schlaue Füchse, die aus ihnen leckere Chutneys oder Marmeladen bereiten und die Verbreitung der Neophyten auf leckere Weise unterbinden.

Portulak – *Portulaca oleracea*

Charakter: Der frische fleischige Portulak scheint bei den römischen Soldaten eine beliebte Salatpflanze gewesen zu sein, auf die sie nicht verzichten wollten. Archäologen fanden seinen Samen bei Ausgrabungen in den niederrheinischen Provinzen, ebenso moderne Botaniker, die ihn dort immer noch als Neophyt bestimmen können.

Küchenlatein: Für die römischen Soldaten wurde Portulak auch für den Winter in Tonkrügen ähnlich wie Sauerkraut eingelegt. Wir können heute den frischen Portulak in gut sortierten Märkten kaufen und ihn einfach als Salat genießen, aber auch als gedünstetes Gemüse ist er eine kleine unbekannte Delikatesse.

Talente: Im Garten lässt sich Portulak ganz einfach ziehen und vermehrt sich auch selbst. Die Samen gehen ziemlich schnell auf und es ist egal, ob die Pflanzen in der Sonne oder im Halbschatten stehen, Hauptsache sie haben es schön feucht für reichliche Ernte. Zwar sind die Pflanzen nicht winterhart, doch der Samen geht auch im nächsten Jahr wieder an Ort und Stelle auf.

Ein Kraut gegen alles

In der griechischen und römischen Medizin nahm man Portulak bei Verstopfung und Harnwegsinfektionen, Fieber oder Sodbrennen, Kopfschmerzen, Magen- und Milzleiden und als Augenmittel. Galen und Plinius fügten eine lange Liste weiterer Wirkungen hinzu, darunter Presssaft als Wurmmittel. Ob Rheuma, Kopfschmerzen, Nervenprobleme, Husten, Zahnfleischentzündung, Sodbrennen oder Nieren- und Darmleiden – der Portulak wird auch in der modernen Phytotherapie vielseitig angewendet. Zur Blutreinigung, als Herzstärkung oder gegen Depression wird er eingesetzt, und sein Gehalt an Omega-3-Fettsäuren gehört zu den höchsten in der Pflanzenwelt!

Erstaunlicherweise spielt der Portulak bei Hildegard von Bingen keine große Rolle, sie schreibt darüber gerade mal zwei Zeilen, dass er kalt sei und dem Menschen nicht zum Essen tauge. Na ja, so ändern sich die Zeiten – ich finde, ein kleines Eckchen für den Portulak im Sommergarten muss schon drin sein, er ist eine knackige Delikatesse!

Melde – *Atriplex hortensis*

Charakter: Die Fuchsschwanzgewächse, die wilde Melde und die Gartenmelde waren bei den Römern wohlbekannt. So auch die verwandten Arten wie Gänsefüße, Erdbeerspinate, Spinate, Amarant, Beete, Mangold und Guter Heinrich.

Küchenlatein: Die schmackhaften Melden sind ein Gedicht als frischer Salat, Spinat oder als Füllung für Quiches, Maultaschen und Co. Ganz vorzüglich sind auch Meldecremesüppchen oder eine Lasagne mit Melde statt Spinat. Als Verwandte der Melde bringen Rote Bete oder der bunte Mangold Farbe auf den Teller.

Talente: Die Melde ist nicht nur lecker, sondern auch gesund – denn ihre Inhaltsstoffe sind unschlagbar. Sie steckt voller Vitamine und Mineralien. Im Vergleich mit Gemüsen schlagen die wilden Kräuter unsere herkömmlichen Lebensmittel. Obwohl Grünkohl der Anführer der Nährwerttabelle beim Gemüse ist, übertrumpfen die Wildkräuter wie Brennnessel, Giersch, Löwenzahn und nicht zuletzt die Melde unsere Gemüse oft um das Doppelte und Dreifache.

Garten: Melden sind sehr leicht im Garten zu ziehen. Sie reifen im Spätsommer und säen sich auch sofort wieder selbst aus, um dann im zeitigen Frühjahr überall zu keimen. Dann braucht man bloß auszudünnen, um ein paar Exemplare wachsen zu lassen. Mit ihnen kommt gesunde Farbe ins Beet! Vor allem die Gelbe und Rote Gartenmelde erfreuen uns mit ihren intensiven Farbspielen zwischen all dem Grün der übrigen Kräuter. Melden und Gänsefußgewächse werden zudem auch noch richtig groß, sodass man teilweise von Baumspinat spricht, den man bequem im Stehen ernten kann. Sie werden nicht mehr davon loskommen!

Ein Kraut mit einer langen Tradition

Ein schöner Beweis für die lange Tradition des Verzehrs von Wildgemüse sind die Funde aus Mägen eisenzeitlicher Moorleichen. Das mag ein wenig makaber erscheinen, aber es zeigt, was uns die Archäologie so alles entdecken kann. Auf diese Weise wissen wir heute, dass es keine Erfindung der Römer war, aus den diversen Fuchsschwanzgewächsen schmackhafte und vor allem nahrhafte Gerichte zu kochen. In den gehobenen Kreisen des antiken Roms wird das alltägliche Kraut zwar wenig erwähnt und es gibt kaum Rezepte dazu – dafür aber archäologische Funde von Pollen und Samen im ganzen römischen Gebiet, die eine häufige Verwendung belegen.

Bei uns hat sich nach den Kriegsenden des letzten Jahrhunderts eine Abneigung gegen diverse Wildgemüse wie Melde, Sauerampfer, Brennnessel oder Löwenzahn entwickelt. In den schwierigen Zeiten während des Krieges und danach waren sie für viele Menschen einfache und auf Dauer eintönige Kost. Wenn man sich jedoch die Inhaltsanalysen dieser Kräuter aus dem Lebensmittellabor anschaut, wird man staunen, wie viele Vitamine, Mineralien und andere spannende Stoffe sie im Gegensatz zum heutigen Gemüse oder Salat beinhalten. So ist diese scheinbar karge Kost gerade in schlechten Zeiten wertvoller als jedes Carepaket. Trotzdem haftet all diesen Gewächsen immer noch das Stigma des Unkrauts und der Erinnerung an den Krieg an. Das wiederum weckt die Neugier und den Ehrgeiz der nachfolgenden Generationen, die gerade diese „Unkräuter" gerne wieder verwenden und hoch loben. Als i-Tüpfelchen auf ihren Kreationen verwandeln Sterneköche heute die wildesten Kräuter in erlesenste Gaumenfreuden.

Anis – *Pimpinella anisum*

Charakter: Aus dem Orient stammt der allseits bekannte Anis, eine Bibernellenart, die auch die Römer schon kannten und schätzten. Der kleine Doldenblütler ist einjährig und kann wie Dill oder Koriander mehrmals im Jahr gesät werden. Dadurch hat man immer frische Blättchen, die man so im Handel nicht bekommt – ganz im Gegensatz zu den bekannten Anissamen. Nicht zu verwechseln ist Anis übrigens mit Sternanis, der botanisch eine ganz andere Pflanze ist und lediglich den typischen Geruch mit Anis gemeinsam hat.

Küchenlatein: Anis hat ein charakteristisches Aroma, das sowohl mit süßen als auch mit salzigen Speisen harmoniert. Als Samen kennen wir ihn zusammen mit Kümmel und Koriander als typisches Brotgewürz – eine leckere Tradition, die schon die Römer kannten. Auch in Schnäpsen wie Absinth, Arrak, Ouzo, Pastis, Pernod, Raki oder Sambuca findet er eine beliebte Verwendung. Die Blätter und zarten Stängel von Anis können in der Küche ähnlich wie Dill oder Blattkoriander verwendet werden.

Talente: Wie die meisten aromatischen Doldengewächse bringt auch Anis die Verdauung in Schwung und wirkt Blähungen entgegen. Er erleichtert die Verdauung von Getreide, das ein sehr junges Lebensmittel in der Menschheitsgeschichte ist und auf das unser Organismus nicht optimal eingestellt ist. Nicht zuletzt deshalb ist er als Brotgewürz und in Digestifs so beliebt. In der Naturheilkunde wird Anis gerne als Tee verabreicht, um den ganzen Organismus milde anzuregen und so am Ende auch ein klareres Hautbild hervorzubringen. Auch seine schleim- und krampflösende Wirkung wird geschätzt.

Detail eines Freskos in der Villa dei Misteri, Pompeii, ca. 50 v. Chr.

Liquamen und Apicius

Liquamen wurde in römischer Zeit in großem Stil hergestellt, indem ganze Fische in viel Salz langwierig fermentierten. Die Flüssigkeit, die dabei entstand, wurde zum Würzen von allerlei (auch süßen!) Speisen verwendet und findet sich vielfach im sogenannten Apiciuskochbuch. Über den zur Römerzeit berühmten Koch und die Echtheit seines Buches wird zwar viel diskutiert, doch Plinius und Seneca sind nicht die einzigen, die ihn zynisch erwähnen als Verprasser und Schöpfer luxuriöser Speisen für wohlhabende Kunden. Aber nicht nur seine Gastmähler müssen legendär gewesen sein, seine exquisiten Gourmetideen sind sogar in den Sprachgebrauch eingegangen. So empfahl er, Schweine mit Feigen zu mästen, um besonders schmackhafte Lebern zu erhalten, was „ficatum" genannt wurde. Hieraus leitete sich später in den romanischen Sprachen das Wort für Leber ab, zum Beispiel in Italien als „fegato" und im Französischen als „foie".

Gelage auf einem Fresko in Pompeji, 50 v. Chr.

Asant – *Ferula assa-foetida*

Charakter: Wie wir bereits gesehen haben, war die römische Küche alles andere als langweilig. Da die Römer intensive Gewürze liebten, kam ihnen der später im Mittelalter als „Teufelsdreck" titulierte Stinkasant sicher recht – ein weiteres Doldengewächs, das man im Mittelmeerraum findet, vor allem aber in Indien und Asien. In der Antike wurde Asant mit der Zeit sehr populär, besonders nachdem das allseits begehrte Silphium – dem wir uns später auch noch widmen werden – ausgerottet war.

Küchenlatein: In Asien verwendet man das frische Kraut und vor allem das Harz, das aus der Wurzel gewonnen wird. Heute kann man die Wurzel im Internet oder in gut bestückten Gewürzhandlungen auch in Form eines Pulvers erwerben, das Teufelsdreck oder Asafoetida heißt. Es aromatisiert sehr stark und schmeckt ein wenig knoblauchartig – „foeteo" heißt im Lateinischen „stinkend". Wer sich mit der römischen Küche beschäftigen möchte, dem sei dieses Gewürz wärmstens empfohlen.

Garten: Das Kraut liebt zwar die Wärme und bevorzugt bei uns das Gewächshaus, aber es lässt sich auch im Garten kultivieren, wo es allemal ein dekoratives Kraut für Experimentierfreudige ist. Schreiten wir in der Geschichte der Kräuter fort und wenden uns dem Mittelalter zu, so begegnet uns als erstes eine herausragende Figur, die uns aus den Geschichtsbüchern bestens bekannt ist: Karl der Große.

Silphium – die Römer und ihre Kräuterliebhaberei

Die Römer waren so wild auf exotische Kräuter, Gewürze und andere Zutaten für ihre ausgefallenen Speisen, dass sie in ihrer Zeit wahrscheinlich ein beliebtes, aber damals schon seltenes Kraut ausgerottet haben: das Silphium oder auch Silphion.

Es handelt sich um ein Doldengewächs, das uns nur noch durch die Überlieferung aus antiken Rezepten und Dichtungen oder von antiken Münzen und Keramik her bekannt ist. Sirphi nannten die Ureinwohner der cyrenischen Hochebene Nordafrikas das begehrte Kraut und es bescherte ihnen wahren Reichtum. Es scheint allerdings, dass erst die griechischen Kolonisten den Handel richtig organisiert haben und die Römer für die heiß begehrte Pflanze jeden Preis gezahlt haben. Dass man alle Teile der Pflanze nutzen konnte, wurde ihr letztlich zum Verhängnis. Die Blätter wurden den Tieren verfüttert, deren Fleisch dann als umso wohlschmeckender galt, die jungen Sprosse verarbeitete man zu Gemüse, die Samen zu Gewürz und der milchige Wurzelsaft wurde zu Harz getrocknet und so konserviert verkauft, exportiert und hoch gehandelt. Seit Kaiser Nero, der angeblich die letzte Silphionpflanze erhielt, wurde in der Antike fieberhaft nach der Pflanze gesucht und jeder Versuch, sie feldweise oder in Gärten anzubauen, scheiterte. Verwandte Kräuter wie Asa-foetida *oder angebliches Silphion aus umliegenden Ländern hielten dem geschmacklichen Vergleich mit dem Original nicht Stand. Das Aroma und die Vielseitigkeit müssen so exquisit gewesen sein, dass nicht nur künstlerische Abbildungen und Prägungen auf Münzen von der Pflanze erzählen. Noch lange, nachdem der griechische Arzt Dioscurides das Kraut in seiner wegweisenden Heilschrift „Materia medica" erwähnt hatte, wurde das Rätsel Silphion beschrieben und diskutiert, es wurden ganze Abhandlungen darüber verfasst. Auch heute fasziniert Botaniker und Archäologen das Rätsel der seltenen Pflanze und ihres legendären Aromas.*

Die Gärten Karls des Großen – „Capitulare de villis"

Karl der Große reiste viel, um sein großes Reich zusammenzuhalten, und speiste gerne im Kreise seiner Familie und seines Gefolges, das manchmal aus über 1000 Leuten bestand. Um immer gut versorgt zu sein, erließ er um 812 eine Landgüterverordnung, die genau regelte, was in den kaiserlichen Pfalzen an Pflanzen angebaut und an Tieren gehalten werden sollte, falls einmal der Kaiser auf seinen Reisen dort Station machen sollte. Kulinarisch und medizinisch wertvolle Pflanzen, die auf jeden Fall in den Gärten angebaut werden sollten, waren Anis, Bärwurz, Bergkümmel, Bohnenkraut, Brunnenkresse, Dill, Estragon, Fenchel, Fuchsschwanz, Katzenminze, Klette, Kreuzkümmel, Kümmel, Lattich, Liebstöckel, Melde, Meerzwiebel, Ähren-Minze, Polei-Minze, Wasser-Minze, Rauke, Petersilie, Pferdeeppich, Ross-Minze, Rosmarin, Salbei, Schwarzkümmel, Weißer Senf, Wegwarte und Wiesenknöterich.
Als Gemüse wurden Gurke, Engelwurz, Flaschenkürbis, Frauenminze, Helmbohne, Kichererbse, Kohlrabi, Kohl, Kuhbohne, Möhre, Pastinake, Sellerie, Schnittmangold, Stoppelrübe, Winterzwiebel und Zuckermelone angebaut und als Heilkräuter schrieb er Eberraute, Diptam, Eibisch, Giftlattich, Haselwurz, Hunds-Rose, Mutterkraut, Mutterwurz, Rainfarn, Ringelblume, Schlafmohn, Tausendgüldenkraut, Wilde Malve, Weinraute und Weiße Zaunrübe vor.

*„Der Frühling"
aus dem
„Tacuinum
Sanitatis",
um 1300*

*Der Rasponi Garten, auch genannt
„Garten der vergessenen Kräuter", im Herzen von Ravenna*

Kümmel – *Carum carvi*

Charakter: Wir können den Kümmel häufig auf Wiesen entdecken, denn seine Heimat erstreckt sich über fast ganz Europa und Vorderasien.

Küchenlatein: Traditionell nimmt man Kümmel als Zutat zu Kohlgerichten und als Hauptbestandteil für Brotgewürz. Wahrscheinlich in beiden Fällen, um die Blähungen, die man von Kohl und Getreide bekommt, gleich im Keim zu ersticken. Ich finde Kümmelkartoffeln einfach nur genial. Kartoffeln halbieren, auf ein gut geöltes Backblech legen, reichlich Kümmel darüber streuen, fein salzen und so lange im Ofen bei mittlerer Temperatur backen, bis die Kartoffeln gar sind. Eventuell ab und an mit einem Löffel etwas Öl über die Kartoffeln geben.

Talente: Eigentlich müssten wir Kümmel immer schön in der Nähe von Kohlgewächsen platzieren, denn mehr als jedes Doldengewächs ist es der Kümmel, der in höchstem Maße blähungswidrig ist. Aber auch allerlei andere Talente werden ihm nachgesagt. Jeder Gegenstand, der ein Kümmelkörnchen in sich trägt, sei vor Diebstahl sicher, meint der amerikanische Kräuterexperte Scott Cunningham, und außerdem sei Kümmel auch als Liebesorakel einsetzbar: Trage man Kümmelsamen bei sich, ziehe man sicher auch einen Partner an. In Kekse eingebacken soll Kümmel tatsächlich aphrodisierend wirken.

Die Kümmelverwandten

*Ein naher Verwandter des Kümmels und ein wenig ähnlich im Geschmack ist der Kreuzkümmel (*Cuminum cyminum*), der in vielen orientalischen Gewürzmischungen enthalten ist und gerne in der südländischen Küche verwendet wird. Wer genau dieses Aroma des Kreuzkümmels als frisches Grün genießen möchte, kann heutzutage auch ein hübsches Kraut namens Perilla oder Shiso (*Perilla frutescens*) in Kübel oder in den Garten pflanzen. Die roten oder grünen krausen Blätter der asiatischen Pflanze setzen wunderbare Farbakzente und sind als Gewürz ein Gaumenkitzel. Shiso ist in Japan sehr beliebt, wo man aus dem Kraut auch einen Würzsaft extrahiert.*

Pastinake – *Pastinaca sativa*

Charakter: Längst ist sie durch den Bio-, Wellness- und Gartenboom salonfähig geworden und fast schon wieder eine Delikatesse. Über fast ganz Deutschland ist die wilde Pastinake verstreut, was man erst im Sommer an ihren gelblich blühenden Dolden am Straßenrand erkennt.

Küchenlatein: Mit der süßen Pastinake kann man genussreich in der Küche spielen und alles, was Karotten und Kartoffeln können, kann auch sie. Doch auch ihr frisches Frühlingslaub würzt Salate und Kräuterbutter oder kann als Spinat eine schöne Zutat oder Variante sein. Man wird ihre Verwandtschaft zu Petersilie, Möhre, Sellerie auch in ihrem Aroma entdecken.

Garten: Und dann ist es auch noch so einfach, dieses feine Gemüse im Garten zu kultivieren. Für keinen Boden ist das Wurzelgemüse sich zu schade und die Pflanze sät sich auch selbst aus, wenn man sie lässt. Wie für alle Wurzelgemüse gilt allerdings: Sie braucht ausreichend Feuchtigkeit, damit die Strünke nicht holzig werden.

Bekannte und vergessene Wurzelgemüse

Früher waren Kräuterexperten vor allem auch Wurzelexperten, denn von vielen bekannten Heilkräutern wurden vor allem die Wurzeln genutzt. Diese Art der Verwendung hat sich auch kulinarisch bis heute gehalten. Die Doldengewächsfamilie schenkt uns neben Möhre, Petersilienwurzel, Sellerie auch die in Vergessenheit geratene Zuckerwurz (Sium sisarum)*, die als Knollenkümmel bekannte Erdkastanie (*Bunium bulbocastanum*) und den Knolligen Kälberkropf (*Chaerophyllum bulbosum*)*, der auch als Kerbelrübe bekannt war. Während die letzteren beiden bei uns heimisch sind, weiß man nicht mehr genau, woher die Zuckerwurz stammt. Offenbar aber eher aus dem Osten, wo sie auch in der Küche wie Pastinake oder Karotte verwendet wird. Alle drei Doldenblütler kann man leicht im Garten ziehen, und wer Doldenfan ist, so wie ich, wird seine helle Freude mit diesen Varianten haben, vor allem an den unterschiedlichen feinen Aromen, die mit Haselnüssen und Edelkastanien vergleichbar sind. Um noch kurz bei den leckeren und eher unbekannten Wurzelgemüsen zu bleiben, sollte die leckere Erdmandel nicht unerwähnt bleiben. Im frühen Mittelalter gelangte der im Alten Ägypten noch bekannte* Cyperus esculentus *mit den Mauren nach Spanien, wo er heute noch in der Region Valencia zu Horchata, einem spanischen Erfrischungsgetränk, verarbeitet wird. Die kleine Erdmandel, die aussieht wie Gras, wächst auch als Neophyt vereinzelt entlang des Rheins in Deutschland. In Spanien wird die als Chufa bezeichnete Pflanze großflächig angebaut, um daraus Flocken oder Horchata zu bereiten. Die mineralreiche Pflanze und ihre Produkte sind bei uns auch im Bioladen vor allem als basische Flocken zu kaufen und schmecken richtig fein mandelig und süß.*

Salbei – *Salvia officinalis*

Charakter: „Warum sollte ein Mensch sterben, in dessen Garten Salbei wächst?", sagt ein mittelalterliches Sprichwort – und tatsächlich: In seinem Namen schwingt das lateinische Wort „salus" für Gesundheit und Wohlbefinden mit, was wir dem intensiven Duft der Staude auch nachempfinden können. Er riecht schon so lecker und gesund, dass man ihn eigentlich dauernd verwenden möchte.

Küchenlatein: Streifen wir im Garten einen Salbeistrauch, hüllt er uns sofort mit seinen ätherischen Ölen ein und badet uns in seinem Aroma. Wer diesen typischen Geschmack von Salbei mag, der wird ihn auch in der Küche viel verwenden – zum Beispiel in den berühmten Salbeinudeln. Dazu werden einfach Salbeiblätter kurz in zerlassener Butter geschwenkt und die fertig gekochten Nudeln dazugegeben. Man kann die Salbeiblätter mitessen – wem das zu streng ist, der entfernt sie vor dem Verzehr.

Talente: Sieht man sich die Inhaltsstoffe des Salbeis an, so wird einem klar, wieso er schon vor Jahrhunderten als wahres Wundermittel hochgehalten wurde und in keinem Klostergarten fehlen durfte. Margret Madejsky, eine Koryphäe der modernen Kräuterheilkunde, preist ihn als antimikrobiell, antibakteriell und antimykotisch sowie als nervenstärkend, entzündungswidrig und wundheilend.

Garten: Salbeiarten erfreuen jeden Gärtner mit unendlichen Variationen von unterschiedlicher Blattfarbe oder Form und verschiedenen Duftvarianten. Die winterharten Stauden machen sich wunderbar im oberen Bereich einer Kräuterspirale.

Salbei und Dill

Kräuter der Renaissance und Kräuterrenaissance – Delikatessen aus der Neuen Welt

Mit der Renaissance und der Entdeckung Amerikas durch Kolumbus kamen auch neue Pflanzen und Kräuter nach Europa. Monarde, Agastache, Kapuzinerkresse und Zitronenverbene – wie auch Postelein und Culantro, die in anderen Kapiteln behandelt werden – stammen alle aus Nord-, Mittel- oder Südamerika und sind uns, ähnlich wie Kartoffel oder Tomate, erst in der Neuzeit bekannt geworden. Trotzdem gibt es kaum noch einen traditionellen Bauerngarten, in dem nicht ein Horst von Goldmelisse steht oder die Kapuzinerkresse mit freudiger Blütenfülle ihre Dienste als Läusefängerin leistet. Und wer möchte heute noch auf das wundervolle Zitronenaroma der „Verveine" verzichten, auch außerhalb Frankreichs?

Monarde und Agastache – zwei Teekräuter aus Amerika

Charakter: Die Monarde ist ursprünglich in Nordamerika beheimatet, von wo sie dann nach Europa gelangte. Bereits im 16. Jahrhundert beschrieb der spanische Arzt Nicolas Monardes die heilende Wirkung dieser Pflanzengattung.
Küchenlatein: Nicht nur im Beet macht sich die Monarde hervorragend, sondern auch in der herbstlichen Beerenküche, wenn man sich mit kreativer Lust einer Obstschwemme widmen möchte. Die unterschiedlichen Farben von Monarden und Agastachen, die auch unterschiedlich schmecken können, inspirieren Marmeladenkreationen oder Chutneys.
Talente: Ausgesprochen talentierte Teekräuter kommen uns da im Sommer ins heiße oder kalte Getränk und ihre sanften Wirkstoffe helfen uns vielleicht bei der Verdauung, Kopfschmerzen oder Erkältung. Bei manchen Arten sollen Schwangere allerdings aufpassen, wie das ja oft so ist.

*Typisch für Renaissancegärten waren geometrische Formen
und Beeteinfassungen aus Buchsbaum, wie auch hier
im Godshuis Sint-Jozef in Brügge.*

Garten: Wie gesagt, kein Bauerngarten ohne Goldmelisse! In vielen Farben und Größen kann man die schöne Indianernessel als bunte Farbtupfer zwischen andere Stauden setzen, wenn man ihren Mehltau ignoriert und sich dafür an den späten Blüten erfreut, die vielleicht zwischen hübschen Gräsern leuchten oder die Samenstände von verblühten Blumen zieren.

Kapuzinerkresse – *Tropaeolum majus*

Charakter: Die Kapuzinerkresse ist aus Süd- und Mittelamerika zu uns gelangt. Ihren deutschen Namen verdankt sie der Form ihrer Blüten, deren Sporne an die Kapuzen der gleichnamigen Mönche erinnern.

Küchenlatein: Aus der scharfen Kapuzinerkresse mit ihren runden glatten Blättern und würzigen Blüten lässt sich so einiges Leckeres zaubern. Die frischen Blätter und Blüten schmecken im und als Salat oder als Pesto, garniert mit den unreifen Früchten oder Knospen, die man beide auch wie Kapern einlegen kann.

Talente: Die Heilpraktikerin Margret Madejsky nennt die Kapuzinerkresse ein Breitband-Antibiotikum und erklärt, dass es an den Senfölglycosiden liegt, die ja auch in vielen Kohlgewächsen vorkommen.

Garten: Die Kapuzinerkresse zu säen, gelingt eigentlich immer, wenn sie keinen Frost abbekommt, und binnen kurzer Zeit klettert sie Gerüste hoch oder wallt sich aus Balkonkästen in die Tiefe und lässt es richtig bunt und Sommer werden. Selbst wenn man nicht vorhat, sie zu essen, braucht man einfach mindestens eine Kapuzinerkresse im Garten, in einem Kübel auf der Terrasse oder draußen auf der Fensterbank.

Zitronenverbene – *Aloysia triphylla*

Charakter: Die Zitronenverbene ist eine südamerikanische Verwandte unseres Eisenkrauts. Ursprünglich ist sie in Uruguay, Argentinien, Chile und Peru beheimatet, aber seit dem späten 18. Jahrhundert erfreut sie uns auch in europäischen Gefilden mit ihrem intensiven Duft.

Küchenlatein: Schneidet man die Zitronenverbene spät im Jahr zurück, um die letzten Blätter für den Winter zu trocknen, kann man aus den Ästen Quirle schneiden und damit Suppen umrühren. Oder man kocht die Stöcke im Ganzen mit und entfernt sie vor dem Servieren wieder. Einer Tomatensuppe oder -soße verleiht die Zitronenverbene erst den eigentlichen Geschmack. Diese südamerikanische Kombination passt fast noch besser als die von Tomate und Basilikum. Ebenfalls lecker: Im Sommer einfach ein paar Blätter in eine Karaffe mit kaltem Wasser legen – schmeckt herrlich erfrischend.

Talente: Als Abendtee eignet sich die Zitronenverbene zur Nervenstärkung oder gegen Erkältung. Sie tut nicht nur gut, sondern schmeckt auch lecker.

Garten: Die liebliche Verveine ist zwar nicht winterhart, dafür aber trotzdem hart im Nehmen und sehr ausdauernd, wenn man sie im Winter schützt, also ins Haus oder in den Wintergarten holt und einfach mal für ein paar Monate vergisst – auch das Gießen. Spät im Mai treibt sie dann entweder aus der Erde oder irgendwo am Stamm wieder aus. Dann kann man sie oberhalb der ersten grünen Sprosse zurechtschneiden, um sie wieder einigermaßen in Form zu bringen. Sie hat nämlich die Angewohnheit, lustig nach allen Seiten kreuz und quer oder in dreifacher Form auszutreiben. Im Sommer wächst sie unglaublich schnell und treibt jede Menge ihrer stark duftenden Zitronenblättchen.

Kräuter und ihre heilende Wirkung

Kräuter und ihre heilende Wirkung

Kräuter werden seit jeher und in den verschiedensten Kulturen rund um den Globus als Heilmittel eingesetzt. Alle alten Hochkulturen verfügten über Erfahrungen mit der Heilkraft von Pflanzen und gaben ihr wertvolles Wissen von Generation zu Generation weiter. In China, Ägypten, Griechenland, Rom und Arabien gab es sehr früh berühmte Heilkundige, die ihre medizinischen Theorien schriftlich festhielten und so für die Nachwelt erhielten. Darin spielten meist auch Kräuter eine wichtige Rolle.

In den mittelalterlichen Klostergärten bewahrte man dieses alte Wissen und experimentierte mit weiteren Heilkräutern. Walahfried Strabo (808/9–849), von dem wir in diesem Buch an verschiedenen Stellen lesen, verfasste mit seinem „Liber de cultura hortorum" („Das Buch über die Gartenpflege") eine der bedeutendsten Schriften zur Pflanzenkunde des Mittelalters. Die berühmte Äbtissin Hildegard von Bingen (1098–1179) nahm in ihren Handschriften „Physica" und „Causae et Curae" ebenfalls Bezug auf die Erkenntnisse aus der Antike. Sie entwickelte die aus vorchristlicher Zeit stammende Viersäftelehre und die Temperamentenlehre weiter zu ihrem eigenen Konzept eines religiös geprägten, ganzheitlichen Denkens und Heilens.

In den folgenden Jahrhunderten befassten sich natürlich auch die frisch gegründeten Universitäten mit Kräutern und Heilkunde, und heute gibt es einen ganzen Forschungs- und Wirtschaftszweig, der sich mit der Herstellung von Heilmitteln befasst.

Doch es bedarf nicht unbedingt der pharmazeutischen Industrie, um sich die Heilkraft der Pflanzen zu Nutze zu machen. Zahlreiche Heilkräuter kann man einfach als wohlschme-

Hildegards Visionen sichtbar machen:
In einer Buchillustration von 1165.

57 | III. Kapitel

ckende Küchenkräuter einsetzen und so von ihren Wirkstoffen profitieren. Und noch heute kann man auch auf viele alte Hausrezepte zurückgreifen. Heilkräuter kann man als Tee oder als Badezusatz verwenden. Man kann einen Sud oder einen Extrakt von ihnen herstellen oder sie für Umschläge verwenden. Besonders die vielen erprobten Ratschläge und Rezepte der in letzter Zeit wiederentdeckten Hildegard von Bingen sind eine wahre Fundgrube für alle Liebhaber einer sanften und ganzheitlich ausgerichteten Medizin.

Aus Hildegards heilender Küche

Aloe, Bertram, Galgant, Ingwer, Kubebenpfeffer und Zucker, um nur einige Pflanzen zu nennen, die wir im Mittelalter eher nicht vermuten, waren der guten Hildegard von Bingen wohl bekannt, wie vieles, das sich aus der Antike durch das Christentum besonders in den Klöstern erhalten hatte. Doch auch ihrer adeligen Herkunft hatte die Ordensfrau es zu verdanken, dass sie alltäglichen Umgang mit besonders wertvollen Gewürzen und Kräutern hatte.

Im Jahre 1098 kam sie als zehntes Kind in Bermersheim bei Alzey zur Welt und hatte schon in ihrer Kindheit Eingebungen, die sie später auch aufschrieb bzw. aufschreiben ließ. Als Äbtissin zweier Klöster führte sie einen ganzen Stab von Menschen und widmete sich den vielfältigsten Dingen in ihrer über 80-jährigen Lebenszeit. Der Bau eines Klosters nach ihren Vorstellungen, musikalische Kompositionen, Werke über die christliche Lehre, den Menschen, die Pflanzen, ja, den ganzen Kosmos füllten ihr Dasein ebenso aus wie die Korrespondenz mit bekannten Persönlichkeiten ihrer Zeit. Uns interessiert hier natürlich ihre Liebe zu den Kräutern.

Kloster Sankt Hildegard mit den Weinbergen bei Rüdesheim

Die Grüne Kraft

Item de virginibus
O edelstes Grün, das du in der Sonne wurzelst
Und in heller Heiterkeit im Kreise leuchtest
Nichts Irdisches kann dich begreifen
Du bist umarmt von göttlichen Mysterien
Bist du doch strahlend wie die Morgenröte
und brennst wie die Flamme der Sonne.

Hildegard von Bingen

Ingwer – *Zingiber officinale*

Charakter: Wer kennt sie nicht, die scharfe duftige Ingwerknolle? Aber wer hat schon mal den Versuch gemacht, ein Stückchen davon in einen Topf zu pflanzen und an einem hellen warmen Ort in der Wohnung zu halten? Ich habe bisher nichts darüber gefunden, ob die Kräuterkundigen der Antike den Versuch unternommen haben, sich den Ingwer selbst zu ziehen, oder ob sie vielleicht nur getrockneten Ingwer handeln konnten.

Küchenlatein: Die scharfe und süße Würze des Ingwers hat längst auch wieder in unsere moderne Küche gefunden. Gemüse, mit Ingwer geschmort, gebraten oder gekocht, bleibt nicht der indischen oder asiatischen Kochkunst vorbehalten.

Talente: Bei Hildegard heißt es: „Ingwer ist sehr heiß und zerfließend, das heißt löslich, und gegessen schadet er einem gesunden und beleibten Menschen, weil er ihn gedankenlos, unbeherrscht, hitzig und geil macht; er enthält nämlich unvermutete Hitze, die durch ihre Glut die Sinne des Menschen schwächt und die Geschlechtsorgane anregt. Wer jedoch in seinem Körper trocken ist und schon fast stirbt, der soll Ingwer zerkleinern und dieses Pulver in mäßiger Menge nüchtern in der Morgensuppe einnehmen ... Aber auch wer in Magen und Bauch an Verstopfung leidet ...“

So ähnlich lauten auch heute noch die Wirkungen, die wir dem Ingwer verdanken, wenn wir zum Beispiel einen Tee daraus bereiten oder ihn einfach mit in unsere Speisen geben. Soll er doch verdauungsfördernd, brechreizlindernd, entzündungswidrig, wehenerregend, immunstimulierend, krebsfeindlich und antiparasitär sein.

Garten: Wer ein Gewächshaus hat oder einen warmen sonnigen Platz in der Wohnung, kann sich die Ingwerpflanze auch selbst halten. Sie wächst rasch und sieht als Zimmerpflanze sehr schön aus. Drei weitere Ingwergewächse und mittlerweile auch bekanntere Gewürze sind Galgant, Kurkuma und Kar-

*Aus dem bebilderten Lexikon „Phänomene der Natur"
von Félix Edouard Guérin-Méneville (1799–1874)*

damom. Übrigens sind die letzteren beiden mit Ingwer auch im indischen Curry enthalten, neben vielen anderen Kräutern und Gewürzen, die wir in diesem Buch erkunden, wie Koriander, Kümmel, Kreuzkümmel, Asant, Knoblauch, Zimt, Nelken, Pfeffer, Senf und Muskat.

Galgant – *Alpinia officinarum*

Charakter: Auch Galgant ist ein Ingwergewächs und sieht Ingwer sehr ähnlich, wie übrigens auch Kardamom und Kurkuma, die wir allerdings bei Hildegard von Bingen so nicht finden. Bei allen vier Gewürzen, also Ingwer, Galgant, Kardamom und Kurkuma, wird die Wurzel verwendet.

Küchenlatein: Galgant ist ein sehr feines, leicht scharfes und leicht zimtiges Gewürz, das es als Pulver zu kaufen gibt. Es lohnt sich, damit ein bisschen zu experimentieren, um seine Speisen, vor allem Gemüsegerichte, mal mit einer anderen Note zu versehen.

Talente: „Galgant ist fast ganz heiß, hat aber in sich auch ein mäßige Kälte und ist reich an Wirkkraft. Ein Mensch, der in sich ein brennendes Fieber hat, soll Galgant zerstoßen und dieses Pulver in Quellwasser trinken … und wer am Rücken oder in der Flanke Schmerzen hat, soll Galgant in Wein aufkochen lassen und oft so heiß trinken. Wer am Herzen Beschwerden hat und herzbedingt ohnmächtig wird, der soll alsbald Galgant essen und es wird ihm besser gehen." So heißt es bei Hildegard.

Ferner soll der Galgant auch für die Lunge, die Eingeweide, Milz und gegen Verschleimung des Kopfes helfen und zu guter Letzt auch noch gegen die Gicht von Nutzen sein.

In der Volksheilkunde wird Galgant als appetitanregend, krampflösend und blähungswidrig empfohlen, aber auch als fiebersenkend, bakterientötend und entzündungshemmend sowie bei Magengeschwüren und rheumatischen Beschwerden.

Bertram – *Anacyclus pyrethrum*

Charakter: Das feine aromatische Kraut mit den bläulich-grünen Ästchen und Blättchen stammt aus dem Mittelmeerraum und ist in unseren Breiten leider ein wenig empfindlich, obwohl es einfach zu hübsch ist mit seinen weißen Blütenköpfchen. Hätte es nicht kamilleartiges Laub, so könnte man es in der Wiese, so es dort wachsen würde, glatt mit Gänseblümchen verwechseln.

Küchenlatein: Die Römer liebten dieses Kraut in der Küche ebenso, wie Hildegard von Bingen es medizinisch schätzte, und ich finde es einfach nur lecker, wenn ich damit Gemüsepfannen würze. Bertram gibt es wie Galgant als Pulver zu kaufen – vor allem seit Hildegard von Bingen Hochkonjunktur hat.

Talente: „Bertram ist von gemäßigter und ziemlich trockener Wärme und diese sanfte Mischung ist rein und enthält gute Wirkkraft. Denn für einen gesunden Menschen ist er gegessen zuträglich, weil er in ihm die Fäulnis mindert, das gute Blut in ihm vermehrt und im Menschen einen klaren Verstand bewirkt ... er bringt aber auch einen Kranken ... zu seinen Kräften zurück ..."

Bertram taucht in vielen Heilrezepten von Hildegard von Bingen auf, die sie bei Verschleimung, Gicht, Verdauungsbeschwerden oder Brustfellleiden empfiehlt. Ähnlich wird der Bertram auch in der modernen Kräuterheilkunde eingesetzt, als verdauungsfördernd, krampflösend oder menstruationsfördernd.

Fenchel – *Foeniculum vulgare*

Charakter: Grundsätzlich unterscheidet man den Gewürzfenchel mit süß schmeckenden Früchten, den bitter schmeckenden Teefenchel und den in der Küche so gern verwendeten Gemüsefenchel, der beim Kochen ein auffälliges Anisaroma

Hildegard von Bingen – der Echte Quendel

*Über den Echten Quendel (*Thymus pulegioides*) schreibt Hildegard von Bingen: „Quendel ist warm und gemäßigt. Ein Mensch, der schwaches Körperfleisch hat, sodass sein Fleisch wie Krätze ausblüht, soll oft Quendel entweder mit Fleisch oder in einem Mus gekocht essen, und sein Körperfleisch wird von innen geheilt und gereinigt werden." Es gibt vielsagende uralte Geschichten, wie die von einer jungen Frau, die einst so sehr von Unterleibsschmerzen geplagt wurde, dass ihr ein altes Kräuterweib empfahl, sich des nachts in ein Quendelfeld zu legen und sich ganz in die Kraft und den Geist der feinen Pflanze zu begeben. So tat sie es denn in einer warmen Sommernacht und schlummerte tief ein im wohligen Duft des blühenden Quendels. Als sie so recht in tiefen Schlaf gesunken, schlüpfte aus ihrem Mund eine Kröte und labte sich die ganze Nacht am blühenden Kraut. Als die frühen Vögel zu zwitschern begannen, kroch die Kröte zurück an ihren Platz im Unterleib der Frau und siehe da – als diese im Morgentau erwachte, war sie für immer geheilt! Und weiter berichtet Hildegard vom Quendel: „Wem das Gehirn schwach und wie leer ist, zerstoße Quendel, vermische dieses Pulver in Wasser mit Semmelmehl und mache so Küchlein. Und diese esse er oft, und seinem Gehirn wird es besser gehen." Das klingt doch irgendwie nach einem Burnout-Kraut! Das meint auch Marlis Bader in ihrem Buch „Räuchern mit heimischen Kräutern", wenn sie uns empfiehlt, den Quendel als Tee zu genießen oder unsere Räume mit seinem Duft zu erfüllen. Um Kraft zu tanken und uns abzugrenzen und einfach mal auch Nein zu sagen, gegen zu viel Verantwortung und aufzehrende Aufgaben. Nun, die alten Griechen hatten schon Recht, dem Kraut den Namen Thymos zu geben, denn er scheint ein Universalmittel zu sein, für Körper, Geist und Seele. Modern gesprochen kann man Quendel als antiseptisch, antibiotisch und krampf- und schleimlösend bezeichnen. Es heißt sogar, dass er 25 Mal stärker ist als herkömmliche Antibiotika, ohne gleich die gesamte Darmflora anzugreifen!*

entfaltet. Auch dessen fein gefiederte Blättchen weisen ein intensives Aroma auf. Ob als Gemüse oder als Kraut, Hildegards Ratschlag, den Fenchel oft und ausgiebig in der Küche zu verwenden, sollte man sich auch heute noch zu Herzen nehmen. Die gesunden Wirkstoffe sind in allen Pflanzenteilen enthalten.

Küchenlatein: Die zarten Blätter ebenso wie die Gemüseknolle lassen sich roh in Salaten oder leicht gedünstet wunderbar als Beilage zu Fisch oder Fleisch oder zu Tomatengerichten verwenden. Die gehackten Blätter des Gewürzfenchels ebenso wie die des Gemüsefenchels werden auch gerne zur Aromatisierung von Saucen oder Suppen eingesetzt. Fenchelsamen zählen wie Anis und Kümmel zu den typischen Brotgewürzen, die das Brot nicht nur geschmacklich bereichern, sondern es auch noch bekömmlicher machen.

Talente: Als Heil- und Gewürzpflanze war Fenchel bereits im Alten Ägypten, im Alten China und in Arabien bekannt. Hildegard setzte Fenchel bei Magen- und Darmproblemen, bei Augenleiden und Bronchialkatarrhen ein. Und in der Tat: Fencheltee wird bis heute wegen seiner krampflösenden und blähungslindernden Eigenschaften geschätzt. Ebenso wie der Fenchelhonig als Hustenmittel. Und Fenchelsamen ist tatsächlich ein probates Mittel gegen Mundgeruch.

Garten: Der ursprünglich in Westasien beheimatete Fenchel wurde von den Römern nach Mitteleuropa gebracht. Er gehört zur Familie der Doldenblütler und benötigt im Garten einen nährstoffreichen und kalkhaltigen Boden. Zudem sollte man einen sonnigen Standort wählen. Der Wurzelbereich sollte möglichst immer feucht gehalten werden.

Dill – *Anethum graveolens*

Charakter: Die zart gefiederten Blättchen der einjährigen Pflanze besitzen eine intensiv aromatische und leicht herbe

Hildergard von Bingen über den Fenchel

In der zwischen 1150 und 1158 entstandenen Abhandlung „Physica" schreibt Hildegard von Bingen über den Fenchel:
„De Feniculo. Der Fenchel hat angenehme Wärme und ist weder von trockener noch von kalter Natur. Wenn man ihn roh isst, schadet er dem Menschen nicht. Und wie auch immer er gegessen wird, macht er den Menschen fröhlich und vermittelt ihm angenehme Wärme und guten Schweiß, und er verursacht gute Verdauung.
Auch sein Same ist von warmer Natur und nützlich für die Gesundheit des Menschen, wenn er anderen Kräutern beigegeben wird in Heilmitteln. Denn wer Fenchel oder seinen Samen täglich nüchtern isst, der vermindert den üblen Schleim oder die Fäulnisse in ihm und er unterdrückt den üblen Geruch seines Atems und er bringt seine Augen zu klarem Sehen.
Ein Mensch aber, der üblen Schleim in seinem kranken Magen hat, der nehme Fenchel und etwas mehr Brennnessel und Liebstöckel, zweimal so viel wie jene zwei, und er mache daraus mit etwas Mehl und etwas Brot eine Speise und esse sie oft und es nimmt dem kranken Magen den Schleim weg."

Würzkraft. Dill wird zwischen 50 und 120 cm hoch. Zum Würzen eignen sich aber nicht nur die feingliedrigen Blätter, sondern auch die Samen, die ebenfalls intensive ätherische Öle enthalten.

Küchenlatein: Dill ist ein Würzkraut, das ursprünglich besonders in Skandinavien verwendet wurde. Prominentestes Beispiel für den intensiven Einsatz von Dill in der skandinavischen Küche ist der berühmte, mit grobem Meersalz und Dill marinierte Graved Lachs. Heute ist Dill aus der modernen Küche nicht wegzudenken, wird in Marinaden für Fisch und Gemüse eingesetzt oder zum Aromatisieren von Senf, Gurken

und vielem mehr. Dill sollte aber am besten nicht mitgegart werden, um sein intensives Aroma zu erhalten.

Talente: Dill wurde schon in der Antike als Heilmittel eingesetzt. Hildegard charakterisierte ihn als „von trockener, warmer und gemäßigter Natur". Sie setzte das Kraut gegen Gicht und Nasenbluten ein: „Wenn man starkes Nasenbluten hat, nehme man Dill und zweimal so viel Schafgarbe und lege diese Kräuter frisch auf Stirn, Schläfen und Brust." Dill ist reich an ätherischen Ölen und wirkt harntreibend, krampflösend, beruhigend und appetitanregend. Er gilt deshalb als probates Mittel bei Magen-Darm-Beschwerden und Nierenleiden. Zudem besitzt er eine bakterizide Wirkung. Das Kauen von Dillsamen sorgt für frischen Atem.

Garten: Der ursprünglich aus Zentralasien stammende Dill wurde vermutlich durch christliche Mönche nach Mitteleuropa gebracht und in den Klostergärten kultiviert. Die feingliedrigen Blätter und eine Vielzahl gelber Doldenblüten verleihen der einjährigen Pflanze eine hübsches Aussehen. Dill bevorzugt einen geschützten, sonnigen bis halbschattigen Standort, der Boden sollte feucht sein, Staunässe ist aber in jedem Fall zu vermeiden. Dann kann man den ganzen Sommer über laufend frisches Kraut ernten. Dill ist auch eine hervorragende Bienenweide.

Natürlich spielten noch viele andere Kräuter, die in diesem Buch beschrieben werden, eine Rolle bei Hildegard von Bingen: Petersilie, Liebstöckel, Beifuß, Minze, Salbei, um nur einige zu nennen. So auch die Brennnessel – ein wunderbares Kraut, das so vielseitig und einzigartig ist, dass ich ihm ein eigenes Kapitel widmen möchte.

Ein Kraut, das unter die Haut geht!

Die Große Brennnessel – *Urtica dioica*

Ob und wie schnell man in feuriger Liebe zur brennenden Nessel entflammt, ist eine sehr individuelle Angelegenheit. Über die Brennnessel ließe sich ein ganz eigenes Buch schreiben, so vielfältig und ausgeprägt ist ihr Charakter für den Menschen. Man findet sie überall in der Natur in geselligen Horsten und vor allem immer in der Nähe menschlicher Siedlungen, sei es auf dem Lande oder in der Stadt. Mit der Eigenschaft zu brennen bleibt die Nessel ziemlich allein auf weiter Flur und herrscht als Solokünstlerin über das Naturkonzert der wilden Kräuter.

Wenn ihr an Nesseln streifet,
So brennen sie;
Doch wenn ihr fest sie greifet,
Sie brennen nie.
So zwingt ihr die Feinen,
Auch die gemeinen Naturen nie.
Doch preßt ihr wacker
Wie Nußaufknacker,
So zwingt ihr sie.

FRIEDRICH RÜCKERT

Charakter: Ja, ich liebe die Brennnessel, obwohl oder gerade weil ich mich selbst einmal damit „getauft" habe. Meine Eltern erzählten mir, dass ich als kleines Kind im Sommer, fast nackt, komplett in die Brennnesseln gepurzelt bin. Ich muss geschrien haben wie am Spieß – und später dann damit geprahlt, sie mit bloßen Händen anfassen zu können. Aber auch mich rüttelt sie immer noch wach, wenn ich ihr fast täglich im Garten

Patina Urticarum calida et frigida

Original Brennnesselrezept des römischen Kochs Apicius
(ca. 1. Jh. v. Chr.)

„Warmer und kalter Brennnesselauflauf: Nimm Brennnesseln,
wasche sie, lasse sie durch einen Durchschlag abtropfen, trockne
sie auf dem Tisch und schneide sie klein. Zerstoße 10 Skrupel
(ca. 11,4 g) Pfeffer, gieße Liquamen dazu und zermahle es. Nach-
her gib zwei Gläschen Liquamen und sechs Unzen (ca. 164 g)
Öl dazu. Lass es in einem Topf kochen. Wenn es gekocht hat
und gar ist, nimm es vom Feuer, sodass es abkühlt. Nachher fette
eine saubere Auflaufform ein, schlage acht Eier auf und rühre es
um. Gieße es (in die Form) aus, direkt an der Unterseite soll es
heiße Asche haben. Wenn es gar ist, streue zerkleinerten Pfeffer
darauf und serviere." Nun, heute würde man das ein „Brenn-
nesselomelette" nennen. Statt Liquamen (römische salzige
Fischsoße) können wir einfach Salz nehmen oder eine asiatische
Sojasoße.

begegne. Ein kleiner Stich durch ihre bei Berührung brechen-
den „Haare", die wie kleine Injektionsnadeln unter die Haut
gehen, genügt, um uns ganz aufmerksam zu machen. Ihre tie-
rischen Gifte, die sie uns einspritzt, ihr hoher Eisengehalt und
ihre feste Verankerung in der Erde mit ihren dicken Wurzeln
repräsentieren stark Irdisches und Erdendes. Früher wurden
ihr deshalb auch magische Kräfte zugesprochen.
Küchenlatein: Wer wie ich zur Nessel in Liebe entbrannt ist,
der wird sich auch in der Küche durch allerlei Speisen ver-
führen lassen. Als Spinat, als Füllung, als Dressingzutat, als
Suppe oder Beilage sind die frischen Triebe eine Delikatesse.
Die reifen Früchte und Samen geben viel Kraft und würzen
Müslis, Desserts oder verfeinern Gebäck – im wahrsten Sinne,

denn Kekse oder Kuchen werden herrlich locker mit den Nesselsamen.

Talente: Auch wenn man dann viele juckende Quaddeln hat – sich von der Brennnessel „berühren" zu lassen, kann durchaus gesund sein, ja sogar gegen Rheuma, Gicht oder überanstrengte Gelenke helfen. Aus persönlicher Erfahrung kann ich bestätigen: Seit ich wieder viel „Umgang" mit der Brennnessel habe, scheinen mir Mücken und Bremsenstiche nichts mehr auszumachen. Wer unter Eisenmangel leidet, der esse und trinke so viel Brennnessel, wie er mag, denn die Brennnessel gibt uns das Eisen in einer sehr gut aufzunehmenden Form. Hier deshalb mein Tipp für eine gesunde Leckerei: Frische Brennnesselblätter, auf einem Blech ausgelegt, mit etwas Salz bestreut und bei ca. 70–100 °C im Ofen für ein paar Minuten „gebacken", ergeben knackige, kalorienarme Chips.

Garten: Die Brennnessel lässt sich auf die verschiedensten Arten wunderbar im Garten einsetzen. Zum Beispiel als Vorkultur: Ein Jahr vor dem Einsetzen von Erdbeeren lässt man das neue Erdbeerfeld mit Brennnesseln bewachsen. Kurz vor dem Pflanzen der Erdbeeren werden die Brennnesseln entfernt und entweder klein gehäckselt als Mulch für die jungen Erdbeerpflanzen benutzt oder kompostiert. Die Brennnesseln lockern den Boden und bringen den nötigen Humus für die nachfolgende Kultur.

Brennnesseljauche gibt einen wunderbaren flüssigen Dünger ab: Klein geschnittene Brennnesseln in eine Regentonne geben und vollständig mit Wasser bedecken. Dann das Ganze gären lassen, bis die Brühe klar ist und nicht mehr stinkt, und im Verhältnis 1:10 mit Wasser verdünnen. Gegen Blattläuse empfehle ich immer folgendes Rezept: Klein geschnittene Brennnesseln über Nacht in Wasser einweichen, die Brühe am nächsten Tag im Verhältnis 1:10 mit Wasser verdünnen und über befallene Pflanzen sprühen oder gießen.

Brennnesselmärchen nach Folke Tegetthoff

Wie so oft in Märchen geht es auch in dieser Geschichte um eine unstandesgemäße Heirat. Der reichste Bauer im Land hat eine schöne Tochter, die sich in den Sohn des Königs verliebt. Allein, der König ist völlig verarmt, und so scheint es, als könnten die beiden nicht zueinander finden. Aber der Prinz, dessen zweite Liebe den Kräutern gilt, hat einen Plan: Er streut das Gerücht von einer wundersamen Pflanze: „Man erzählt sich aus ganz sicherer Quelle, mit eigenen Augen gesehen, hundertprozentig, dass der Prinz eine Pflanze besitzen soll, die reines Gold wert ist. Reines Gold! Jawoll!" Doch nur der könne die Pflanze ernten, so ist es immer im Märchen, dessen Hände noch nie Unrecht getan haben. „Die Pflanze erkennt jede Lüge und holt ihren Verbündeten, den Teufel, zu Hilfe, der die unehrlichen Hände verbrennt." Dieses herrliche Gerücht gelangt, kaum ist es gestreut, zum reichen Bauern, der mehr über den Goldsegen wissen will. „Wer die Pflanze richtig zu behandeln weiß, dem fließt das Gold wie Blut, wird immer mehr. Und hört: Ihre Wurzeln sollen wie goldene Dukaten sein." Da streut der Bauer ebenfalls ein Gerücht, nämlich dass derjenige seine Tochter heiraten dürfe, der eine Pflanze an seinen Hof setze, die pures Gold wert sei. Der junge Adelige lacht sich ins Fäustchen und setzt seine Wunderpflanze direkt ans Haus des künftigen Schwiegervaters: eine Brennnessel. Nachdem die Diener und Mägde sich beim Pflücken des vermeintlichen Goldes gehörig die Finger verbrannt haben, versucht es der Bauer schließlich selbst, und man kann sich denken, dass auch er nicht ungeschoren davonkommt. Als am nächsten Tag der junge Heiratsanwärter mit einem Sträußchen frischer Brennnesseln in den Händen ankommt, muss der Bauer wohl oder übel die Hochzeitsglocken läuten lassen. Und da er jeden Tag ein Tässchen Tee vom „Golde" zu sich nimmt, ist er auch noch nicht gestorben.

Sterntaler und sonnige Kompositionen – Korbblütler und ihre sonnengleichen Blüten

Bittersüße Wildgebliebene wie Arnika, Bocksbart, Disteln, Gänseblümchen, Kamille, Kornblume, Löwenzahn, Muskatgarbe, Ringelblume, Schafgarbe, Wegwarte – allesamt Korbblütler – lieben das Licht und offene Flächen, um die Sonnenstrahlen mit offenen Blütenkörben einzufangen. Ja, die Sonnenblume folgt in der Ausrichtung ihrer Blüten sogar dem Lauf der Sonne, was sich auf schöne Weise in ihrem französischen Namen „Turnesol" widerspiegelt. Bittersüß sind die Pflanzen dieser Gruppe, weil ihnen ein stärkezuckerähnlicher Stoff innewohnt, der im Übrigen von Diabetikern gut vertragen wird – und weil die Bitterstoffe unser Stärkeumwandlungszentrum kurieren, die Leber! So liest und lernt man und erfreut sich an den Sonnenfängern. Übrigens: Auch die eingangs erwähnten Artemisiagewächse sind Korbblütler, wie auch Kulturpflanzen wie Artischocke, Salat oder Endivien, Schwarzwurzeln oder Haferwurzel, Sonnenblumen, Topinambur, die berühmte Echinacea oder die neue Modepflanze Stevia.

Artischocke aus dem „Herbarium Blackwellianum", 1757

Löwenzahn – *Taraxacum officinale*

Charakter: Am Tage leuchten die gelben Blütenköpfe wie tausend kleine Frühlingssonnen und später schimmern die Pusteblumen wie ein Meer von kleinen Monden im Schein der Nacht. Es gibt kaum einen Platz, den der Löwenzahn nicht besiedeln könnte oder wollte. Stets in der Nähe des Menschen fordert er uns ständig auf, ihn zu sehen und uns seine Eigenschaften auch einzuverleiben.

Küchenlatein: Kein Frühlingssalat oder keine Frühlingsspeise ohne Löwenzahn! Auch wenn der Löwenzahn bitter schmeckt, gerade das macht ihn so gesund – und: nein, der weiße Milchsaft des Löwenzahns ist nicht giftig. Das werde ich oft gefragt in meinen Seminaren.

Talente: Nicht nur Galle und Leber erfreuen sich des Löwenzahnkonsums – der ganze Organismus wird angeregt. „Essen Sie so viel Löwenzahn, wie Sie wollen, und Sie werden sich wunderbar fühlen", rät uns der französische „Kräuterpapst" Maurice Mességué. Der deutsch-amerikanische Ethnobotaniker Wolf-Dieter Storl schließt sich dem an und empfiehlt Löwenzahn auch bei schlechter Verdauung oder Verstopfung. Durch ihn erfahren wir auch von dem hohen Vitamingehalt des Löwenzahns. Und wer hätte gedacht, dass sich Erdbeeren über die bedrängende Nachbarschaft des Löwenzahns freuen? Die Wechselwirkungen zwischen benachbarten Pflanzen stellen noch ein sehr weites Feld der Forschung und Betrachtung dar. Die Symbiose von Pilzen und Bäumen hat man bereits erforscht und das Pilzgeflecht, das im Grunde die ganze Welt umspannt, ist ja fast sichtbar. Über die vielen Stoffe und Informationen, die all die anderen Pflanzen miteinander austauschen, können wir dagegen bislang nur Vermutungen anstellen.

Wegwarte – *Cichorium intybus*

Charakter: Wer kleine blaue Sterne am Wegesrand auf Augenhöhe beobachten möchte, der stehe mit der Wegwarte auf, wenn die Vögel beginnen, den Morgen mit ihrem Zwitschern zu begrüßen. Um 12 Uhr mittags schließt die Wegwarte nämlich schon wieder ihre Blüten.

Küchenlatein: Wir kennen die Wegwarte eher als Chicorée, Radicchio oder Endiviensalat. Aber auch ihre geröstete Wurzel als delikater Kaffeeersatz ist uns nicht fremd.

Talente: Aber die Wegwarte kann nicht nur mit ihren hübschen blauen Augen zwinkern, sie soll gründlich den Stoffwechsel aufräumen, Galle, Leber, Verdauung anregen und sich somit auch auf die Haut günstig auswirken.

Garten: Die jungen, dem Löwenzahn ähnlichen Blätter der echten Wegwarte können im Frühjahr ebenso wie Löwenzahn gesammelt werden, und wer sich die Mühe macht, die Wurzeln im Herbst auszugraben und in ein Gemisch aus Sand und Erde zu setzen, der kann im Winter auch, ähnlich wie beim Chicorée, frische Blätter ernten. Wichtig ist, die Wurzeln nicht zu kühl zu halten, vielleicht stellt man sie in den Wintergarten.

WEGWARTE

Sie wartet und wartet am Vormittag
Und lauscht jedem einzelnen Glockenschlag.
Sie wartet an Straßen und Wegen
Und wartet bei Sonne und Regen.
Sie wartet auf zwölf Uhr in aller Ruh,
denn mittags – macht sie ihre Blüten zu.

HANNES BOSSE

Der Wiesenbocksbart macht optisch seinem Namen alle Ehre.

Schwarzwurzel *(Scorzonera hispanica)*, Haferwurzel (*Tragopogon porrifolius*) und Wiesenbocksbart (*Tragopogon pratensis*)

Charakter: Diese drei süßen Wurzelgemüse sind völlig zu Unrecht kaum noch auf unserem Speiseplan. Vor allem die beiden Bocksbartarten („tragos" heißt übrigens Ziegenbock) waren ehedem noch wichtiger Bestandteil der Ernährung. Vor allem kann man sich bei den beiden das Wurzelschälen sparen. Während unsere Gartenschwarzwurzel aus Spanien stammt, die Haferwurzel eher aus dem östlichen Mittelmeergebiet, ist der Wiesenbocksbart heimisch.

Küchenlatein: Das Besondere an den Dreien ist ihr schmackhaftes Laub, das wir lange vor der Ernte der Wurzeln als vitaminreichen Salat pflücken können. Ich lasse die Pflanzen überhaupt als Salat stehen und ernte die Wurzeln gar nicht mehr.

Talente: Die Schwarzwurzelblätter eignen sich als wahre Frühlingskur, weil sie entschlacken und kräftigen sollen. Auch die Haferwurzel ist sehr nahrhaft und kräftigend. Ein alemannisches Sprichwort lehrt uns: „Habermark macht d' Bube stark."

Garten: Die drei „Wurzelhelden" sind eine kleine Gartenfreude, oder noch besser: in der Wiese ein echtes Highlight. Die Haferwurzel punktet mit ihren lila Blütenkörbchen, die Schwarzwurzel duftet mittags, kurz bevor sie sich schließt, nach Vanille, und man kann nicht umhin, die riesigen Pusteblumen des Wiesenbocksbarts zu lieben und zu bewundern.

Sauer macht lustig – Knöterichgewächse

Blutampfer, Sauerampfer, Schildampfer, Wiesenknöterich und Rhabarber gehören der Familie der Knöterichgewächse an, doch schmeckt auch Sauerklee richtig schön sauer und wir finden ihn nicht mehr nur im Wald. Seit einiger Zeit tauchen in meinem Garten immer neue Gewächse einfach so auf. Vielleicht haben die Pflanzen nur darauf gewartet, in einen Garten einziehen zu dürfen, der sich „Naturkräutergarten" auf die Fahnen geschrieben hat. So ging es mit zwei Sauerkleearten. Mir ist ja alles herzlich willkommen, was man essen kann! Aber warum macht nun sauer lustig? Offensichtlich heben einige Stoffe, die in Lebensmitteln wie sauren Gurken, Heringen

Der Sauerampfer der Römer

Der archäologische Fund einer beschrifteten Standamphore aus Neuss erzählt uns, dass Sauerampfer nicht nur frisch gepflückt und als Wildkraut verwendet wurde, sondern dass man ihn auch konservierte – und zwar in großen Mengen. Das Kraut muss also recht beliebt gewesen sein. In einer tönernen Amphore fast 15 Liter Sauerampfer zu bewahren, zu konservieren und zu transportieren, will schon etwas heißen. Zum Beispiel, dass man Wert auf einen vitalisierenden Wintervorrat legte. Zwar wussten die Römer noch nichts von Vitaminen oder Milchsäurebakterien, aber sie wussten von der Wirkung der in Salz konservierten Lebensmittel. Das haben wir ja schon beim Portulak gesehen, den die Römer wie Sauerkraut einlegten.

Gaius Lucilius, ein römischer Satiriker, witzelte:
O lapathe, ut iactare, nec es satis Cognitus qui sis. In quo Laelius clamores sophos ille solebat Edere, compellans grumias ex ordine nostros.

O Sauerampfer, wie spricht man von dir. Man hat dich und deinen Wert nicht genügend erkannt. Von ihm pflegte Laelius, unser „Weiser", Lobeshymnen zu singen, wenn er unsere Schlemmer der Reihe nach abkanzelte.

oder Sauerkraut vorkommen, die Stimmung. Auch Zitronen oder Rhabarber werden vom Körper so verarbeitet, dass sich die Stimmung hebt. Sauerkraut und milchsauer Vergorenes schmecken zwar sauer, wirken aber tatsächlich basisch und das soll auf Dauer ohnehin für ein besseres Wohlbefinden sorgen. Übrigens ist auch der Buchweizen ein Knöterichgewächs, von dem man die stärkehaltigen Samen isst. Sie haben den Vorteil, glutenfrei zu sein.

Sauerampfer (*Rumex Acetosa*) –
Schildampfer (*Rumex Scutatus*) –
Blutampfer (*Rumex Sanguineus*)

Charakter: Alle drei, obschon sehr unterschiedlichen, Arten von Sauerampfer sind bei uns heimisch, wobei der Schildampfer, der in Deutschland nur an Mosel, Rhein, westlicher Donau und in den Alpen vorkommt, vermutlich von den Römern mitgebracht wurde. Aber wie auch immer, die drei sind einfach tolle Gartenstauden und bereichern jeden Frühlings- oder Sommersalat.

Küchenlatein: Berühmt ist die Sauerampfersuppe heute vor allem in Frankreich – aber vielleicht war das bei uns auch einst so. Mit Sicherheit haben unsere Vorfahren diese sauren Gesellen schon im Frühling genossen und die letzten faden Getreidekörnergerichte damit aufgepeppt.

Talente: Wir lesen, dass Sauerampfer gut bei Darmstörungen sei, fiebersenkend oder kräftigend wirke, doch bei Nieren- und Harnwegsleiden sollte man den Sauerampfer aufgrund seiner hohen Oxalsäurekonzentration meiden.

Garten: Sauerampfer liebt nährstoffreiche Böden mit hohem Stickstoffanteil und ist eine recht robuste Gartenpflanze. Die hübschen Stauden können schon mal bis zu einem Meter hoch werden.

Wiesenknöterich – *Bistorta officinalis*

Charakter: Auf feuchten Wiesen wächst das heimische Kraut von Frühling bis Herbst. Der Wiesenknöterich ist dem Ampfer ähnlich und erfreut uns im Sommer mit seinen rosa Blütenbürsten. Die stärkehaltige Pflanze war noch im Mittelalter ein wichtiges Blattgemüse.

Küchenlatein: Seine jungen zarten Blätter, vor der Blüte im Salat oder als Suppe genossen, sind eine ganz hervorragende, sahnige Delikatesse. In seine großen weichen Blätter kann man Reis oder mit anderen würzigen Kräutern gemischten Quark rollen.

Talente: Mit wuscheligen rosa Köpfchen winkt der Wiesenknöterich uns aus seinen feuchten Wiesenstellen herüber und scheint uns von seinen übersinnlichen Fähigkeiten erzählen zu wollen. Manche behaupten sogar, er könne Geld und Wohlstand anlocken, wenn man ihn sammelt, trocknet und verräuchert. In der Heilkunde ist er für seine verdauungsfördernde und entzündungshemmende Wirkung bekannt.

Garten: Für den Garten gibt es wunderhübsche Stauden mit großen weißen, rosa oder roten Blütenkerzen, aber auch der heimische, wilde Knöterich ist eine Augenweide und ein guter Nachbar für andere kräftige Blumenstauden.

In der Ruhe liegt die Kraft

Baldrian und Feldsalat sind Verwandte – wer hätte das gedacht? Auch wenn sie so unterschiedlich scheinen, erfreuen uns die beiden Pflanzen doch auf ganz ähnliche Weise. Und ihre unscheinbare Gestalt birgt so manche Kraft. Jedes Kind weiß, dass Baldrian beruhigend wirkt, aber auch der kleine Wintersalat hat es in sich.

Baldrian – *Valeriana officinale*

Charakter: Auf Spaziergängen können wir den Baldrian häufig an Weges- und Waldrändern entdecken, aber auch als Zierpflanze in Gärten und Parks trifft man ihn manchmal an.

Küchenlatein: Die ersten zarten Baldrianblättchen, die im Frühling treiben, ergänzen wilde Frühlingssalate und die Blüten nimmt man für liebliche Sommergetränke oder Tee. In seiner „Enzyklopädie der essbaren Wildpflanzen" lädt uns Steffen Guido Fleischhauer auch ein, die pulverisierte Baldrianwurzel als bittersäuerliche Würze zu probieren.

Talente: In einen regelrechten Rauschzustand gerät so manche Katze, wenn sie mit Baldrian in Berührung kommt. Doch nicht für jede Katze ist Baldrian ein Aphrodisiakum und nicht für jeden Menschen ist Baldrian beruhigend. Trotzdem lohnt es sich, mit dem Kraut zu experimentieren. Die Anwendungsmöglichkeiten sind vielfältig – vom Tee als Kaltauszug über Blütentee bis hin zur Tinktur.

Garten: Der zarte süßliche Duft des eleganten Baldrians begleitet uns eine lange Zeit als große, majestätische Gartenstaude und irgendwo muss er an einem Weg stehen, um möglichst häufig die Nase in ihn stecken zu können.

Feldsalat – *Valerianella locusta*

Charakter: Wer im späten Sommer keimt und milde Winter oder sprengende Fröste übersteht, muss in seinen schmelzzarten Blättchen so einige Kräfte entwickeln können, wie wir gleich sehen werden.

Küchenlatein: Wir müssen hier nicht groß erwähnen, wie der feine Feldsalat uns kulinarisch durch den Winter verwöhnt. Aber in meinem Garten gibt es kaum noch eine Zeit ohne Feldsalat. Die verschiedenen Arten, die sich mit wilden vermischen, keimen, wann sie wollen, und höchstens ein ganz heißer Frühsommer hält für kurze Zeit den Atem dieses kleinen Wundergewächses an. Kaum kommen ein paar kühlere, nasse Tage, wächst er schon wieder zwischen all den anderen Kräutern.

Talente: Feldsalat ist besonders reich an den Vitaminen A und C sowie an Mineralien. Auch Folsäure, ein B-Vitamin, das für alle Zellteilungsvorgänge und insbesondere in der Schwangerschaft wichtig ist. Im Volksmund heißt der Feldsalat auch Rapunzel – da denkt man gleich an das gleichnamige Märchen, in dem Rapunzels Mutter während der Schwangerschaft von einem bestimmten Kraut nicht genug bekommen kann. Wie der große Bruder Baldrian soll auch Feldsalat beruhigend wirken.

Garten: Neben Löwenzahn macht sich auch Feldsalat fantastisch zwischen Erdbeeren. Lässt man einige Pflänzchen stehen und ausblühen, halten die strohig gewordenen Feldsalatpflanzen die reifen Erdbeeren von der Erde fern. Der Feldsalat ist wie ein kleines Stützkorsett für die Blüten und Beeren der heißgeliebten Frucht. So passiert das immer im Naturkräutergarten, wenn man die Pflanzen selbst entscheiden lässt, wo sie wachsen wollen.

Rapunzel (Glockenblume) – *Campanula rapunculus*

Charakter: Rapunzeln – nicht zu verwechseln mit dem im Volksmund ebenso genannten Feldsalat – wurden früher feldmäßig angebaut und die Blätter tatsächlich wie Feldsalat gegessen. Leider sieht man sie heute immer seltener auf den Wiesen.
Küchenlatein: Sie sind nicht nur hübsch, sondern auch lecker! Vor allem die außergewöhnlichen Teufelskrallen, ebenfalls Glockenblumen, mit dem lateinischen Namen *Phyteuma spicatum* oder *nigrum*, schmecken vorzüglich.
Talente: Zu den Inhaltsstoffen der Glockenblume gehören Vitamin C und Inulin. In der Naturheilkunde gilt sie als antiseptisch, erfrischend und wundheilend, auch wenn ihre Anwendung heute nicht mehr sehr weit verbreitet ist.
Garten: Es lohnt sich, diese heute doch recht seltenen Pflanzen im Garten oder auf einem kleinen Wiesenabschnitt anzusiedeln, ganz im Sinne von Goethes Gedicht vom Waldblümelein, das er ausgräbt, statt es zu brechen, um es im heimischen Garten weiter zu kultivieren. Etwas, das gerade heute viele unserer Pflanzen, auch viele alte Gemüsesorten, bitter nötig hätten. Ich sage nur: Biodiversität!

Rapunzel lass dein Haar herunter!

Man rätselt immer noch, auf welche Pflanze Rapunzels Mutter während der Schwangerschaft solchen Heißhunger hatte: War es der Feldsalat oder die Glockenblume? In jedem Falle musste ihr armer Mann sich jeden Abend heimlich in den Garten der Nachbarin stehlen, um die begehrten Pflanzen zu entwenden. Natürlich wurde er erwischt und die Beraubte verlangte Schadensersatz für die ihr ebenfalls so unglaublich wichtigen, vielleicht heiligen Pflanzen. So erhob sie Anspruch auf das Kind. Die Schwangere verschlang das Kraut weiterhin, um nicht zu sterben – denn das, so spürte sie, wäre passiert, wenn sie die Pflanzen nicht gegessen hätte – und die Nachbarin bekam das Kind. Der Rest der Geschichte ist wohl jedem bekannt.

Rosige Talente

Rosen sind wunderbare Gewächse, die uns nicht nur als Augenweide im Garten oder Symbol der Liebe erfreuen. Ihre Blüten und Früchte haben auch eine oft unbekannte kulinarische und heilkundliche Seite, die es zu entdecken gilt. Wir können heute aus einer Fülle von wundervollen Rosen wählen, ob als Bodendecker oder Solitärstrauch, und uns aus den alten aromatischen Sorten einen regelrechten Duftgarten gestalten. Zu den Rosengewächsen gehören aber auch die meisten unserer Obstsorten wie Apfel, Birne, Kirsche, Pflaume, Quitte und Erdbeere. Und auch beim Wiesenknopf und dem Frauenmantel handelt es sich um Rosengewächse.

Rosen – als Moosrose, Damaszener, Hundsrose oder Hundertblättrige Rose

Charakter: Wer an Rose denkt, denkt an Liebe, oder war es umgekehrt? Die Rosen mit ihrer verführerischen Wirkung stehen natürlich unter dem Schutz der Göttin Venus. Doch kann die Rose sich mit ihren Stacheln auch kriegerisch wie Mars verteidigen. Wen wundert es da, wenn die Liebenden über Rosenblätter schreiten zu ihrem Rosenbett und sich da Venus und Mars in Harmonie vereinen. So ausgleichend und liebesstimulierend herrscht die Rose über uns.

Küchenlatein: Wie wäre es mit Rosenblütensorbet oder Rosensahnetorte? Das erinnert mich an den Film „Bittersüße Schokolade" (Alfonso Arau, 1992), in dem die Protagonistin ihrem Liebsten ein Gericht mit Rosenblüten bereitet und sich sämtliche Gäste, die auch davon kosten, lustvollen Gedanken und Taten hingeben.

Talente: Aber nicht nur im übertragenen und im kulinarischen Sinne ist die Rose eng verknüpft mit der Liebe. Auch in der Frauenheilkunde oder der Kosmetik finden wir die Rose mit ihren sanften und bestimmten Heilkräften. So soll sie entzündungswidrig, wundheilend und antiallergisch sein, außerdem soll sie Pilze hemmen. Und sie macht schön, als Badeöl oder in feinen Cremes. Die Frucht der Rose, die Hagebutte, ist eine wahre Vitaminbombe! Eine Analyse haben die Autorinnen Christa Brand und Brigitte Buser in ihrem Buch „Die 365 schönsten Kräuter, Blüten und Rosen" zusammengestellt: Vitamin C, A, B1, B2, B3, B5, B6, E sowie Kalium, Magnesium, Kalzium, Phosphor und Eisen nennen die beiden ebenso wie die Eigenschaft der Hagebutte, das Immunsystem zu stärken und blutreinigend und harntreibend zu sein.

Garten: Schon Goethe liebte sie und zog sie mit Leidenschaft in seinem kleinen Gartenparadies. Nicht nur Stockrosen waren sein Steckenpferd. Zu einer Weimarer Attraktion wurde

Rosensirup

Wer im Garten schöne Duftrosen hat, nimmt ca. 250 g frische Rosenblütenblätter, befreit sie vom Blütenansatz und kocht sie ganz kurz in ca. 1 l Apfelsaft, Weißwein oder Wasser. Das Ganze lässt man dann ungefähr eine halbe Stunde stehen.
Für Sirup werden die Rosenblüten erneut aufgekocht und dann abgeseiht. Den entstandenen Sud mit 1 kg Zucker wiederum aufkochen und heiß in saubere Flaschen oder Gläser füllen. Der Sirup ist die Grundlage, um Sorbets, Torten oder Kuchen zu aromatisieren. Auch Sekt lässt sich damit perfekt als Aperitif verfeinern.

Rosengelee

Für ein Gelee wird der obige Sud mit 1 kg Gelierzucker eingekocht und ebenfalls heiß in Gläschen gefüllt. Die zarte Farbe der Rosen erhält sich übrigens bei Zugabe von etwas Zitronensaft.

Hagebuttenmarmelade

2–3 kg Hagebutten (ergibt ca. 1 kg Mus)
500 g Gelierzucker 2:1 (auch die Packungsbeilage des Gelierzuckers beachten)
nach Belieben: Vanillezucker, Zitronenverbeneblätter oder Spanischer Thymian

Die Hagebutten waschen, von Stiel und Fliege befreien und in wenig Wasser weich kochen. Anschließend das Mus durch die Flotte Lotte drehen und zusätzlich durch ein Haarsieb geben, um all die kratzenden Härchen loszuwerden.
Das Mus mit der richtigen Menge Gelierzucker und Vanille oder Kräutern unter ständigem Rühren etwa 4 Minuten sprudelnd kochen. Heiß in die vorbereiteten Gläser füllen und diese gut verschließen.

die Kletterrose, die sich an Goethes Gartenhaus hochzog. So etwas hatte man noch nicht gesehen! Und tatsächlich waren Kletterrosen damals noch gar nicht „in"! Die sogenannte Tapetenrose oder in diesem speziellen Fall *Rosa francofortuna* war wohl eine der ersten Rosen, die man in schwindelnde Höhen ziehen konnte.

Wiesenknopf (Pimpinelle) – *Sanguisorba officinalis*

Charakter: Inmitten von Wiesen, im lockeren Verbund mit Gras finden wir den kleinen Wiesenknopf mit seinen zarten gefiederten Blättchen. In dem lateinischen Wort „sanguis" verbirgt sich die Bedeutung des zirkulierenden Blutes und als blutstillend wird der kleine Wiesenknopf schon seit jeher verwendet.

Küchenlatein: In der Frankfurter Grünen Soße darf die Pimpinelle mit ihrem nussigen Geschmack nicht fehlen! Dazu gehören aber auch frisch gehackter Borretsch, Brunnenkresse, Kerbel, Petersilie, Sauerampfer und Schnittlauch. Sie werden klein gehackt, mit gekochtem Ei und Schmand vermengt und mit Salz und Pfeffer fein abgeschmeckt: ein Gedicht zu jungen Kartoffeln.

Talente: „Der Wiesenknopf", so schreibt Konrad Kölbl in seiner 1961 erschienenen „Kölbl's Kräuterfibel", „hat eine zusammenziehende Wirkung. Wir verwenden den Tee der Blätter, wie auch den Saft der ausgepressten Blätter bei Durchfall, Ruhr und Blutfluß. Das Wiesenknopfkraut stillt das Nasenbluten, wird es auf die Stirn gelegt. Mit Schweineschmalz und Vaseline zubereitet, erhält man eine ausgezeichnete Wundsalbe." Und Kölbl verrät uns auch, dass der Wiesenknopf, als Salat genossen, eine gute Blutreinigungskur verspricht. Andere verraten uns von seiner Krebsfeindlichkeit. Gut zu wissen, wo er doch auch so lecker schmeckt!

WIESENKNOPF

Die Wiese braucht meist sehr viel Zeit,
bis sie ihr Sommerblumenkleid
mit Wiesenknöpfen zugeknöpft.
Sie steht im Wind und stöhnt erschöpft:

„Ist's auch ein Knopf im Rosenblatt,
ich hab die Knöpferei jetzt satt.
Der Wiesenknopf bringt nur Verdruß;
Ich brauch jetzt einen Reißverschluß."

HANNES BOSSE

Pädagogisch wertvoll waren die Kinderbücher des 18. Jahrhunderts. Zur literarischen Erbauung hier der Frauenmantel aus einem Bestimmungsbuch von Friedrich Justin Bertuch (1747–1822).

Frauenmantel – *Alchemilla vulgaris*

Charakter: Der Frauenmantel fasziniert, begeistert und wird auch schnell vergessen, denn er ist letztlich unscheinbar, und wer würde vermuten, dass er mit seinen winzigen gelb-grünen Blüten zur Rosenfamilie gehört? Aber seine zarten Kräfte sind beharrlich und stet – er ist ein echter Gartenbegleiter, der seine Eigenschaften ganz verborgen ausbreitet.

Küchenlatein: Steffen Guido Fleischhauer schreibt in seiner „Enzyklopädie der essbaren Wildpflanzen", dass man die Blätter von April bis Juli zur Zubereitung von Teegetränken, in Salaten, Gemüsefüllungen, gedünstetem und gekochtem Gemüse, Bratlingen, Eintopfgerichten und Gemüseaufläufen nutzen kann. Ein Vorrat an getrocknetem Frauenmantel eignet sich als Gewürz und Vitaminspender für den Winter.

Talente: Margret Madejsky hat ein ganzes Buch über den Frauenmantel geschrieben und preist ihn als das Heilmittel für Frauen in jeder Lebenslage. Denn der Frauenmantel wirkt äußerst zart mit seinen gestagenartigen, krampflösenden, empfängnisfördernden, entzündungswidrigen, antimikrobiellen, antibakteriellen, antiviralen und fungiziden Eigenschaften. Aber auch Männer werden vom Frauenmantel „eingehüllt", denn nicht nur für Frauen ist die sanfte Alchemilla interessant. Ihr überschüssiges Wasser sammelt sich morgens am feingezahnten Rand in sogenannten Guttationstropfen. Das so durch die Pflanze fein destillierte Wasser regte die Alchemisten zur Bereitung kostbarer Elixiere an, die helfen sollten, den Stein der Weisen zu finden.

Garten: Einmal im Garten gepflanzt, ist der Frauenmantel unverwüstlich und selbst ein Giersch kann ihn nicht vertreiben. Als Einfassung für Beete macht er sich herrlich, ohne groß zu wuchern – allerdings vermehrt er sich auch durch Selbstaussaat.

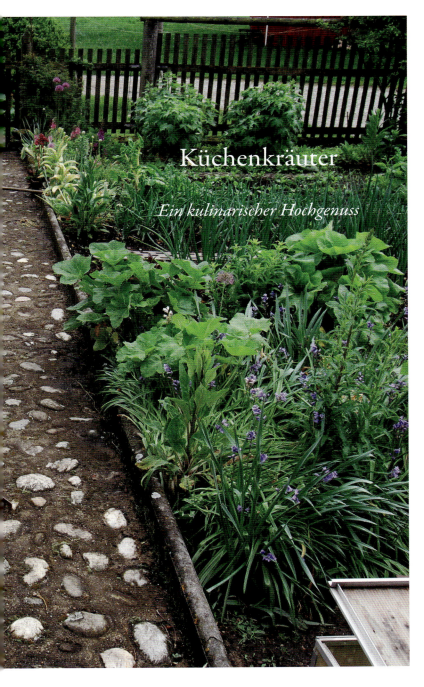

Küchenkräuter

Ein kulinarischer Hochgenuss

Küchenkräuter – ein kulinarischer Hochgenuss

Die Nutzung von Kräutern zum Würzen von Speisen ist uralt, das haben wir schon zu Beginn des Buches gesehen. Von der Steinzeit über Antike und Mittelalter bis in die moderne Zeit – der Geschmack der Kräuter und ihre außergewöhnliche Vielfalt sind eine echte Bereicherung für die Küchen der Welt.

Die Verwendung von Kräutern in der Küche ist denkbar einfach. Meist reicht es, die Kräuter abzubrausen, sie trocken zu schütteln und gehackt oder gerebelt zur Speise zu geben. Manche Kräuter vertragen das Erhitzen besser als andere, so sollte man zarte Pflänzchen wie Dill oder auch Basilikum am besten erst zum Ende der Garzeit zu warmen Gerichten geben. Kräftige Kräuter wie Rosmarin dagegen kann man wunderbar mitschmoren oder -braten. Wieder andere eignen sich sogar für die Zubereitung als Gemüse. Und in Zeiten des Pürierstabs lässt sich aus Kräutern im Handumdrehen eine aromatische Salsa verde zubereiten.

Natürlich nehmen Sie am besten frisch geerntete Kräuter aus dem eigenen Garten oder vom Balkon, sie haben noch den vollen Vitamingehalt und Geschmack. Gekaufte Kräuter braucht man idealerweise direkt auf, aber wenn doch mal etwas übrig bleibt, bewahrt man sie am besten im Kühlschrank in einem nicht ganz luftdicht verschlossenen Kunststoffgefäß oder -beutel auf (evtl. zusammen mit einem feuchten Tuch). Will man sich einen Vorrat zulegen, kann man Kräuter natürlich auch trocknen oder einfrieren.

Die unbestechliche Schirmgesellschaft – würzige Doldengewächse

Allen Würzkräutern voran schreitet die große Familie der Doldengewächse. Wir kennen und lieben sie: Möhre, Pastinake, Sellerie, Anis, Fenchel, Kerbel, Koriander, Kreuzkümmel, Kümmel, Liebstöckel, Petersilie. Und viele warten noch auf ihre Entdeckung: Bärenklau, Bärwurz, Engelwurz, Giersch, Meisterwurz, Nadelkerbel, Süßdolde, Wiesenkerbel und Mitsuba.

Die meisten Doldengewächse erfreuen uns von Frühling bis Herbst – manche, wie der Nadelkerbel, auch im Winter – mit ihren großen weißen Schirmblüten, die wiederum aus vielen kleinen Schirmblüten bestehen. Darum hießen sie auch früher Schirmblütler (lateinisch: *Umbelliferae*). Heute nennt man die Familie *Apiaceae*.

Apiol, einer der Inhaltsstoffe der Doldengewächse, wirkt stark abortiv; neben der Milchbildung regt es auch die Uterus-Kontraktion an und kann eine Fehlgeburt auslösen.

Wir kennen das harmlos scheinende Kinderlied:

Petersilie, Suppenkraut wächst in unserem Garten,
Unser Ännchen ist die Braut,
soll nicht länger warten.
Roter Wein, weißer Wein,
morgen soll die Hochzeit sein.

Doch darin verbirgt sich, dass Ännchen noch keinen Bräutigam hat und sich entweder um Verhütung mit Kräutern kümmern oder die abortive Wirkung von Petersilie, Sellerie oder Liebstöckel auch aufgrund des hohen Vitamin-C-Gehaltes nutzen soll. Das soll uns aber nicht abschrecken, denn in den Pflanzen wirken viele Stoffe und Kräfte gemeinsam, sodass der übliche, selbst tägliche Verzehr von Petersilie uns eher stärkt denn durcheinander bringt.

Petersilie – *Petroselinum crispum*

Charakter: Ob glatt oder kraus, klein oder gigantisch italienisch – wir kennen und lieben sie alle, unsere Petersilie, deren Herkunft weder botanisch noch geografisch gesichert ist, aber vermutlich im Mittelmeergebiet oder in Westasien liegt. Man vermutet, dass eine Urform einst Berghänge besiedelte, denn „petros" bedeutet auf Griechisch Stein. Alle uns bekannten Arten sind kultivierte Formen.

Küchenlatein: Das Aroma der Petersilie ist kräftig und trotzdem neutral oder geschmacksverstärkend. So passt sie zu fast allen Speisen, jedenfalls für den europäischen Gaumen. In Deutschland ist sie das Kraut, das auf (fast) keinem Teller in der Gastronomie fehlen darf und zumindest jedes Kartoffelgericht begleitet.

Talente: Paracelsus nahm die Petersilie, die mit ihrer Wurzel durch steiniges Gelände vordringt, auch als nierensteinlösendes Kraut. Aber den Inhaltsstoffen der Petersilie wird auch eine aphrodisierende Wirkung nachgesagt. Hildegard von Bingen setzte sie als herzstärkendes Tonikum ein und auch bei Maurice Mességué wird sie hoch gelobt als stoffwechselanregend und kräftigend.

Bärwurz – *Meum Athamanticum*

Charakter: Als unscheinbares Doldengewächs kommt die Bärwurz von den Alpen über die Mittelgebirge bis hinauf nach Schottland vor, wo sie sehr beliebt ist und als Wurzelgemüse früher reichlich gesammelt und verzehrt wurde.

Küchenlatein: Der Geschmack ist süßlich, kräftig würzig – etwa zwischen Liebstöckel, Kümmel, Fenchel und Petersilie – und eignet sich nicht nur als Suppenwürze. Die Wurzel ist ein delikates Gemüse und das filigrane Laub, dem Dill im Aussehen sehr ähnlich, würzt verblüffend kräftig. Die Nutzung des frischen

Hildegards Petersilienwein

*All jenen, die an Herz oder Milz leiden,
empfiehlt Hildegard von Bingen ihren Petersilienwein:*

*18 Petersilienstängel • 1 EL Weinessig • 1 l Weißwein
250 g Bienenhonig*

*Die Petersilie fein hacken und mit Wein und Essig
10 Minuten kochen. Die Mischung auf ca. 40 °C
abkühlen lassen und den Bienenhonig hinzufügen.
In heiß ausgekochte Flaschen füllen.
Eine zwei- bis dreiwöchige Kur mit zwei bis drei Esslöffeln
am Tag soll herzstärkend wirken, Blutdruck,
Menstruation und Kreislauf regulieren und gut gegen
Stress und Müdigkeit sein.*

Grüns ist bei uns zwar weniger bekannt, aber in Schottland ist es ein beliebtes spinatartiges Gemüse. In Süddeutschland gibt es außerdem einen Schnaps, der Bärwurz heißt – doch meistens wird er aus einer nahen Verwandten, der Mutterwurz, gebraut.
Talente: Als Tee genossen wird Bärwurz in der Kräuterheilkunde gegen allerlei Magen- und Verdauungsbeschwerden eingesetzt.
Garten: Es lohnt sich, den ausdauernden Gesell im Garten zu beheimaten, wo er dann genügsam Jahr für Jahr etwas größer wird und sich behauptet.

Nicht nur das Blattwerk …

Übrigens kann man die hocharomatischen Stängel von Anis, Bärwurz, Dill, Engelwurz, Fenchel, Giersch, Kerbel, Koriander, Kümmel, Kreuzkümmel, Liebstöckel, Petersilie, Sellerie und Süßdolde ebenso verwenden wie die Blätter. Im Gegensatz zu anderen Kräuterstängeln oder -ästen sind die Stängel der Doldengewächse gleichermaßen schmackhaft. Sollten sie einmal zu strohig geworden sein, eignen sie sich immer noch als Würze für Suppen, Smoothies oder für Pickles.

Liebstöckel – *Levisticum officinale*

Charakter: Als Maggikraut erfuhr der Liebstöckel im 20. Jahrhundert eine neue Namenstaufe und noch immer befindet er sich in Deutschland als Gartenflüchtling in einer Art Einbürgerungsphase, denn er stammt ursprünglich aus dem Nahen Osten.
Küchenlatein: Tatsächlich ist der Liebstöckel mit seinem unverkennbaren Aroma ein echter Suppenverfeinerer. Zwar erinnert das oben erwähnte Flüssigwürzprodukt im Geschmack an Liebstöckel, tatsächlich enthält es jedoch nicht einen Hauch davon – es besteht vielmehr aus Mais- oder Sojaextrakt.
Talente: Hildegard von Bingen preist den Liebstöckel bei geschwollenen Halsdrüsen und übernimmt die antiken Anwendungsgebiete, nämlich Menstruationsstörungen und Wasseransammlungen. Wer also Halsschmerzen hat, versuche doch mal angenehm temperierten Tee durch einen Liebstöckelstängel zu trinken – empfiehlt uns der moderne Märchendichter und Kräuterfreund Folke Tegetthoff.

Liebstöckel, kräftiges Kraut, dich zu nennen im duftenden Dickicht / Heißt mich die Liebe, mit der ich im Gärtchen alles umfasse. / Zwar durch Saft und Geruch, so glaubt man, soll diese Pflanze / Schaden den Zwillingssternen der Augen und Blindheit bewirken. / Aber die kleinen Samen der Pflanze pflegen doch manchmal als Beisatz / Andrer Arznei durch fremdes Verdienst sich Lob zu erwerben

Walahfried Strabo, Hortulus, 9. Jh.

Giersch – *Aegopodium podagraria*

Charakter: Als Auftakt der Kolumne in der Zeitschrift „natur" im April 1983 schrieb der Journalist und Gartenbuchautor Jürgen Dahl eine regelrechte Hommage an den Giersch. „Wer ihn einmal hat – wird ihn so leicht nicht mehr los." Tatsächlich scheinen seine Kräfte unerschöpflich, schlängelt er sich doch im Jahr 2 bis 3 Meter weit durch den Garten. Ein Stückchen Wurzel reicht aus, um eine neue Pflanze entstehen zu lassen und über Samen vermehrt sich der fleißige Giersch ebenfalls. Anders als es Herr Dahl empfiehlt, kann man Giersch nicht nur im Frühling, sondern auch das ganze Jahr über einfach immer wieder mähen und die frischen Triebe ernten und essen. Man erkennt den Giersch übrigens gut an seinen exakt dreieckigen Stängeln und seinem großlappigen dreigeteilten Blatt.

Küchenlatein: Mit dem nach Karotte duftenden und sellerieartig schmeckenden Giersch kann man letztlich alles machen. Man kann die frischen Blättchen als Salat oder Spinat zubereiten, in Quiches oder Suppen genießen oder als Füllung in Nudeln und Maultaschen geben. Der Verwendung sind keine Grenzen gesetzt und besonders gut schmecken die noch fast geschlossenen, fast durchscheinenden jungen Blättchen.

Talente: Kräuter- und Naturheilkundler empfehlen Giersch gegen Rheuma, Gicht und Arthritis und loben seine krampflösende, entgiftende und blutreinigende Wirkung.

Garten: Als Bodendecker gibt es auch eine panaschierte, also weiß-bunte Form, die nicht so invasiv wächst und andere Pflanzen zulässt. Die hübschen weißen Schirmblüten machen sich sehr dekorativ, zum Beispiel zwischen Pfingstrosen, denen der Giersch nichts anhaben kann. Auch unter Himbeerhecken ist ein idealer Platz für das Kraut mit den verzweigten Wurzelausläufern.

Giersch – ein Vielseitigkeitskünstler

Giersch ist ein wahrer Anpassungskünstler. Einerseits ist er ein ausgesprochener Stickstoffanzeiger. In unserer modernen Gartenkultur und Landwirtschaft neigen wir zum Überdüngen unserer Pflanzungen. Der Giersch ernährt sich von diesen erhöhten Stickstoffvorräten und reduziert so den Gehalt im Boden wieder auf ein natürliches Maß. Paradoxerweise gedeiht der Giersch aber auch auf kargen Böden bestens, er lebt an dunklen und trockenen Standorten ebenso wie an sonnigen und feuchten. Egal, wo wir sie antreffen, wirkt diese eigentlich zarte und zerbrechliche Pflanze als Kraftbolzen. Ihre Ambivalenz drückt sich auch in ihren Wurzeln aus, die glaszart brechen und sich doch über 2 Meter im Jahr durch jedweden Boden schlängeln, und jedes noch so kleine Stückchen Wurzel bringt eine neue Gierschpflanze hervor.

Süßdolde – *Myrrhis odorata*

Charakter: Trotz ihrer Robustheit ist die Süßdolde als heimische Pflanze gar nicht so häufig in Deutschland anzutreffen. Sie ist eine bescheidene und dankbare Gartenstaude. Sie wuchert nicht, riecht lecker und freut sich sowohl über sonnige trockene als auch über feuchte schattige Plätze, die man ihr zuweist.

Küchenlatein: Die Süßdolde ist ein kleines Küchenwunder. Mit ihrem starken Lakritzaroma verführt sie uns zu diversen süßen Kreationen, macht sich aber auch im Salat fantastisch und vor allem dämpft sie bittere oder saure Komponenten. Sollte also mal eine Speise zu bitter geraten sein, wie zum Beispiel eine Spargelsuppe, so kann man sich die Sahne sparen und verwendet ein paar Blättchen Süßdolde. Auch den sauren

Rhabarber kann man mit Süßdolde austricksen, ohne dass die Suppe oder der Kuchen plötzlich nach Lakritz schmecken. Da nimmt sich die Süßdolde wieder herrlich bescheiden zurück. Übrigens schmecken ihre noch grünen Früchte sehr lecker als kalorienfreie Lakritzbonbons, und auch die Wurzeln eignen sich zum Verzehr.
Talente: Die medizinischen Talente der Süßdolde stehen etwas hinter ihren kulinarischen und gärtnerischen zurück. Immerhin wird sie in der Naturheilkunde als Mittel gegen Husten und Verdauungsbeschwerden eingesetzt.
Garten: Die Süßdolde ist eine der robustesten Kräuterstauden überhaupt, sogar von einem Gierschmeer lässt sie sich nicht abschrecken. Wer also den Giersch ein wenig reduzieren möchte, der pflanze jede Menge Süßdolde und Fenchel mitten in den Giersch.

Engelwurz – *Angelica Archangelica*

Charakter: Als große Schwester des Gierschs erhebt sich die Engelwurz in allen Bereichen weit über die Eigenschaften der kleinen Verwandten und ist ihr doch auch ähnlich. Die Blattform, die Größe, das Aroma und ihre Kräfte überflügeln den Giersch gleichsam engelhaft. Ich sehe die beiden gerne nebeneinander und miteinander.

Küchenlatein: Das Aroma der Engelwurz ist unbeschreiblich und auch sehr flüchtig, wenn man ein Blatt zwischen den Fingern zerreibt. Die vollkommen runden und glatten dicken Stängel wurden früher wie Zuckerstangen kandiert und zum Tee gereicht. Und in den meisten Kräuterschnäpsen sind Auszüge aus der Wurzel enthalten.

Kandierte Engelwurzstängel

Kandierte Engelwurzstängel wurden früher zum Tee gereicht – statt Keksen. Hier eine ganz schnelle Variante:

einige Engelwurzstängel • Zucker und Wasser im Verhältnis 1:1

Um Läuterzucker herzustellen, Zucker und Wasser zusammen 10 Minuten köcheln.
Engelwurz waschen und die Stängel in kleine Stücke schneiden. Die Stängel zum Läuterzucker geben, sie sollen vom Läuterzucker bedeckt sein. Über Nacht durchziehen lassen.
Am nächsten Tag alles 10 Minuten köcheln und dann heiß in Twist-Off-Gläser füllen. Wiederholt man den Vorgang drei Tage lang und erneuert den Läuterzucker immer wieder, kann man die Stängel am Ende herausnehmen und trocknen – entweder auf Papier oder in einem Dörrgerät.

Talente: Die Engelwurz wird in der Kräuterheilkunde gerne als Tonikum und Magenbitter eingesetzt, zur Stärkung und zur Regulierung der Verdauung.

Garten: In renommierten englischen Gartenbüchern wird empfohlen, dass die Engelwurz in keinem Garten fehlen sollte. Als Schutzpflanze für Garten und Gärtner steht sie bei mir diesem Beispiele folgend irgendwo am Rande und überblickt das ganze Areal. Und wenn dann im Juni bei Mondschein die großen kugeligen Dolden leuchten und die großen Blätter wie Flügel anmuten, hat man wirklich das Gefühl, dass Engel über den Garten wachen.

Angelikamärchen nach Folke Tegetthoff

Es war einmal ein Dorf, in dem es nicht mit rechten Dingen zuging, denn die Bauern, die dort lebten, verhielten sich ganz und gar untypisch. Anstatt früh morgens mit den Hühnern aufzustehen, um die Stall- und Feldarbeit zu erledigen, schliefen sie lange aus, und schon am Nachmittag zelebrierten sie den Feierabend mit fetten Speisen und alkoholischem Getränk. Hier waren im wahrsten Sinne des Wortes die Teufel am Werk. Sie waren es, die tagsüber die bäuerlichen Arbeiten verrichteten, und wenn die Bauern abends betrunken waren, stahlen sie der Reihe nach deren Kinder, um sie zu Ihresgleichen zu machen.

Erst als der König eine Volkszählung anberaumte, fiel der Gemeinde auf, dass die Teufel die Kinder als ihren rechtmäßigen Lohn betrachtet hatten und sie nach und nach alle geraubt hatten. Aber nach langem Suchen entdeckten die Bauern schließlich doch noch ein Kind in ihrem Dorf: ein kleines verängstigtes Mädchen namens Angelika. Sie war krank und die Bauern wollten ihr gerne helfen, aber sie hatten nicht nur völlig vergessen, wie man das Land bestellt und die Tiere pflegt, sie wussten auch nicht mehr, wie man sich um Kinder kümmert. Da hatte Angelika in der Nacht einen Traum: Ein Engel wies ihr ein Heilkraut, das sie gesund machen würde, wenn es von einem reinen Menschen für sie gepflückt würde. Ansonsten müsse sie sterben. Am nächsten Tag erzählte sie von ihrem Traum und die Dorfbewohner wollten das Heilkraut für sie suchen. Schnell erkannten sie aber, dass sie selbst zu viel Dreck am Stecken hatten, um helfen zu können. Da erinnerten sie sich an einen friedlichen Bettler, der sich eines Tages in das Dorf verirrt und um Essen und Unterkunft gebeten hatte. Die Dorfbewohner hatten den guten Mann rüde verscheucht. Nun riefen sie ihn zurück und baten ihn, das Kraut zu pflücken. Der Bettler tat, worum man ihn gebeten hatte, und nachdem Angelika von dem Kraut gegessen und getrunken hatte, wurde sie rasch gesund. Die Bauern freuten sich und nannten das Kraut fortan Engelwurz.

Sie pflanzten es in ihre Gärten und hängten Kränze aus Engelwurzblüten in die Viehställe, wie der Engel sie im Traum geheißen hatte. So wurden sie durch die Engelwurz geläutert, erfreuten sich bester Gesundheit und waren fortan gegen jedwede Art von Teufeln gefeit.

Bärenklau – *Heracleum*

Charakter: Der hübsche, von oben bis unten behaarte Bärenklau wächst fast das ganze Jahr und ist an seinen aromatischen großen weißen Schirmen zu erkennen, die man wie Holunderdolden in Pfannkuchenteig ausbacken kann. Seine Bärentatzen ähnlichen Blätter sind charakteristisch und durch seine stattliche Größe ist er leicht zu erkennen, wenn er sich im Juni über Gräser und andere Wildpflanzen erhebt und mit seinen Schirmen leuchtet.

Küchenlatein: Im Gegensatz zu den Blüten sind die flachen Samen dieses Doldengewächses bei uns kulinarisch noch völlig unbedeutend. Viele der Doldenblütler kennen wir vor allem in Samenform: Korianderkugeln, Kümmel, Anis und Fenchelhalbmonde. Doch die scharfen und hoch aromatischen Bärenklaufrüchte werden in der Küche heute kaum verwendet, obwohl sie essbar sind. Die Autoren Sepp Koller und Friedrich Graupe schrieben bereits 1984, dass in Großmutters Küche die letzten Kartoffeln vom Vorjahr mit den feinen frischen Bärenklaublättern aufgepeppt und in ein leckeres Bärenklau-Kartoffelpüree verwandelt wurden. Ich habe mir vorgenommen einmal ein Brot mit Bärenklausamen zu backen.

Garten: Wer Platz im Garten hat und Doldengewächse liebt, der wird sich sicher mit diesem Akzente setzenden Kraut anfreunden und die Insekten und Schmetterlinge studieren können, die den Bärenklau lieben. Der Bärenklau wächst zwar recht hoch, aber er braucht eigentlich nicht viel Platz und macht sich besonders gut zwischen bunten Nelken oder Duftnesseln.

Bärenklauküchlein

*1/2 l Hafer- oder Dinkelmilch • 200 g Mehl • 1/2 Banane
1 Prise Salz • 1 EL Öl • ca. 25 Bärenklau-Blütendolden
Öl zum Ausbacken • Puderzucker nach Belieben*

*Aus Milch, Mehl, Banane, Salz und Öl einen Pfannkuchenteig anrühren.
Dolden vom heimischen Wiesen-Bärenklau leicht abklopfen und in den Pfannkuchenteig tauchen. In einer Pfanne mit reichlich Öl ausbacken, eventuell mit Puderzucker bestreuen.*

Korianderglück

Das ist ein Kapitel für alle Korianderfans und am liebsten würde ich jetzt versprechen, dass es demnächst einen eigenen kleinen Koriandergarten im Naturkräutergarten geben wird, zu dem alle Korianderliebhaber pilgern dürfen!

Wer also den Geschmack von stinkenden Wanzen mag oder gerne in Seife beißt, der möge hier weiterlesen und sich nicht weiter um die Spötter kümmern, die obiges von unserem heißgeliebten Kraut behaupten. Die meisten Gewächse, die korianderartig schmecken, sind in unseren Breiten leider viel zu schwierig zu halten – insofern bleiben sie etwas Besonderes, ja fast Luxuriöses.

Eine südamerikanische Verwandte, der Culantro oder Recao, ist ebenfalls ein Doldengewächs, und es erfordert einiges Geschick, sie in unserem Klima zu ziehen. Eine Freundin aus Puerto Rico erzählte mir, dass es kaum eine Speise in ihrem Land gibt, die nicht mit dem auch „Mexikanischer Koriander" genannten frischen Kraut gewürzt wird. Zwar ist der Recao, auch Stinkdistel genannt, ein Doldengewächs, doch wird man ihn eher mit unserer Stranddistel in Verbindung bringen, die natürlich auch zu den Schirmblütlern gehört.

Unser geliebtes Aroma verbreiten aber auch ein Knöterichgewächs und ein Eidechsenschwanzgewächs. Das erste ist der Vietnamesische Koriander und das zweite eine hübsche Zimmerpflanze namens „Buntblatt".

Koriander – *Coriandrum sativum* – auch Cilantro genannt

Charakter: „Koris" heißt auf Griechisch Wanze und so ist unser heißgeliebter Koriander auch als Wanzenkraut verschrien. Aber das ist ja bekanntlich Geschmackssache. Wir Korianderfans lieben das frische Grün, das ein wenig wie ganz zarte glatte

Petersilie aussieht. Und wie bei der Petersilie kennen wir beim Koriander zwar eine verwilderte Form aus dem Mittelmeerraum, aber keine echte Wildform.

Küchenlatein: Obwohl sich vielleicht einige beim Gedanken an Koriander schütteln müssen – heimlich ist er doch in vielem enthalten, so zum Beispiel in den meisten Broten als Gewürz neben Kümmel und Anis. Und wer den Duft einer Currywurst genüsslich einsaugt, der wird vielleicht verblüfft sein, hier ebenfalls den feinen Hauch von Koriander wahrzunehmen, denn der Koriandersamen ist Teil der klassischen Currymischung. Schließlich lässt er sich auch in hochprozentiger Form genießen – hier das Rezept für einen echten Koriander-Digestif: Je 10 g Koriandersamen, Kümmelsamen, Fenchelsamen, Dillsamen und Engelwurzwurzel im Mörser zerstoßen und mit einem Liter Wodka ansetzen. Ca. 2 bis 3 Wochen täglich umrühren oder schütteln. Dann eine Woche ziehen lassen und durch ein Tuch filtern.

Talente: Nicht nur im Digestif wirkt Koriander verdauungsregulierend. Er hilft gegen Blähungen und Völlegefühl, bei Magenverstimmungen und Appetitlosigkeit. Außerdem ist er antibakteriell und soll gut gegen Mundgeruch sein.

Garten: Der also nun heißgeliebte oder gehasste Koriander kommt als zartes einjähriges Pflänzchen daher, und wer einen Garten hat, kann ihn alle paar Wochen neu säen, um ihn dauerhaft ernten zu können. Denn allzu schnell geht er in die Blüte über, die man mitsamt dem Stängel natürlich auch verzehren kann.

Culantro oder Recao – *Eryngium foetidum*

Charakter: Aus meiner geliebten Doldengewächsfamilie hat auch die neue Welt eine schöne Koriandervariante zu bieten. Allerdings ist es in unserem Klima sehr schwer dieses kleine interessante Kraut auch nur im Gewächshaus zu ziehen. Sehr schade, ist es doch eine nahe Verwandte von unseren europäischen Stranddisteln.

Küchenlatein: In Südamerika ist der Recao ein viel verwendetes Kraut für alle möglichen Speisen. Vor allem aber in Salsas und karibischen Salaten finden wir ihn, wie auch in fast allen Gemüsezubereitungen. Ich bin ziemlich neidisch auf das Klima in der Karibik, das es ermöglicht eine solche tolle Pflanze zu kultivieren.

Buntblatt – Eidechsenschwanz – Vap Cha – *Houttuynia cordata*

Charakter: Manchmal hat die Natur einfach Freude an Farben und Formen. So kreierte sie in Asien eine weit verbreitete Pflanze, die sowohl in der Küche als auch in der Volksheilkunde benutzt wird. Ihr botanischer Name ehrt den niederländischen Arzt und Naturkundler Maarten Houttuyn. Diese kleine Houttuynia sieht aber nicht nur gut aus, sondern verschwendet sich in ihrem herrlichsten korianderartigen Aroma.

Küchenlatein: Roh oder gekocht werden die Blätter und auch die Wurzeln vielfach verwendet. Sie werden einfach als üppige und würzende Deko auf die fertigen Speisen gegeben. Der sehr intensive korianderartige, orangige Geschmack verfeinert und würzt frische wie gekochte, typisch asiatische Speisen.

Garten: Nicht nur Kübel oder Terrarien dekoriert der kleine Eidechsenschwanz, sondern auch im Garten macht sich die hübsche Pflanze gut als Bodendecker oder als Teichrandverzierung. An den Teichrand gepflanzt, ist sie ziemlich unverwüstlich und kommt eher mit leichtem Schatten denn mit praller Sonne zurecht. Über Wurzelausläufer vermehrt sie sich langsam und schmückt mit ihren bunten Blättern die Zwischenräume zwischen anderen hohen Teichrandpflanzen.

Vietnamesischer Koriander – *Persicaria odorata*

Charakter: Wie auch den Eidechsenschwanz finden wir den Vietnamesischen Koriander in Südostasien als beliebtes Allround-Gewürz – ähnlich wie den Recao in Mittel- und Südamerika. So scheinen jeder Kontinent und jede Region auf ihren eigenen Koriandergeschmack zu kommen.
Küchenlatein: Vor allem als Würze für Fleisch, Fisch, Geflügel, Suppen und Wokgerichte in Asien verwendet, wird er hier bisher nur von Liebhabern des Koriandergeschmacks wahrgenommen.
Garten: Leider ist der vietnamesische Koriander nicht frosthart und überlebt auch im Gewächshaus die kalte Jahreszeit nicht immer. Doch als Kübelpflanze wächst er im Sommer rasch und wenn man ihn dann im Winter ins Haus holt, bleibt er als üppige Staude zum Naschen erhalten.

Aromatische Lippenbekenntnisse –
kulinarisches Labsal

Wenn wir an Kräuter denken, dann riechen wir schon frische Pfefferminze im Cocktail oder Tee, lecken uns die Lippen, wenn wir an Pasta mit Pesto, sprich Basilikum, denken, oder freuen uns auf Rosmarinkartoffeln und erinnern uns an Pizza mit Oregano! Gefolgt von Salbei und Zitronenmelisse. Natürlich auch Schnittlauch, Petersilie und Rucola. Aber die aromatischen Lippenblütler sind ganz weit vorne! Diese duftenden Kräuter bestechen uns einfach mit ihren ätherischen Ölen und ganz nebenbei wirken die starken Kräfte schon beim gaumenfreudigen Genuss oder einfach nur beim Schnuppern. Quasi als Aromatherapie, einfach im Vorbeigehen.

Durch die Beschäftigung mit diesem Buch rücken nach langer Zeit einmal wieder die wundervollen hocharomatischen Lippenblütler in mein Blickfeld und ich überlege, ihnen in meinem Wildkräutergarten ein ganz eigenes Terrain zu errichten. Jahrelang galt mein Hauptinteresse den wilden, heimischen oder exotischen Kräutern und ich verlor die Welt der mediterranen Lippenblütler ein wenig aus den Augen. Wenn man sich eher mit kulinarischen und vor allem vergessenen „Unkräutern" beschäftigt, räumt man ihnen im Garten viel mehr Platz ein und Salbei, Rosmarin oder Ysop werden bedrängt vom wilden Kraut. Die heimische Flora ist stark und überwuchert die Südländer, wenn man sie nicht immer wieder in ihre vitalen Schranken verweist. Es ist also auch für mich Zeit, eine große Kräuterspirale für unsere „Freunde" aus dem Süden zu gestalten.

Basilikum – *Ocimum basilicum*

Charakter: Wie Pfeffer stammt Basilikum ursprünglich aus Indien und erscheint uns heute als typischstes italienisches

Gewürz, weil ja schon die Römer einen regen Gewürzhandel mit der für sie erreichbaren Welt unterhielten. Und wie Pfeffer riecht und mutet der Basilikum mit seinem starken Aroma ja auch an.

Küchenlatein: Aber neben Spaghetti mit Pesto und dem „Klassiker" Tomate-Mozarella-Basilikum kann man auch süße Speisen durchaus mit Basilikum würzen und ihn mit Zucker zusammen zu einer süßen Soße mörsern. Oder man füge klein gehackte frische Basilikumblättchen zum Schluss in selbst zubereitete Kirschmarmelade, um den Kirschen ein ganz besonderes Aroma zu verleihen und den Basilikum so frisch wie möglich zu erhalten.

Talente: Nicht nur lecker, sondern auch gesund. So wirkt Basilikum beruhigend schmerzstillend und antiseptisch auf den Darm, sagt Maurice Mességué. Als Tee genossen vertreibt er Nervosität und Kopfschmerzen und sogar bei Migräne kann er helfen.

Gundermann oder Gundelrebe – *Glechoma hederacea*

Charakter: Er kann es kaum erwarten, sich mit seinen langen Ranken im Frühling wieder aus der Erde zu schlängeln oder an größeren Pflanzen hochzuklettern. So unscheinbar er noch früh im Jahr erscheint, plötzlich rankt der Gundermann überall und lockt mit seinen lila oder rosa Blütchen Insekten an.

Küchenlatein: Sein herb-süßer Duft und Geschmack ist eine wilde Mischung aus Minze, Wermut und Ziegenaroma. Ob nun in Schokolade getunkte Blätter, mit den Blüten gewürzter Quark oder eine mit Gundermann gewürzte Gründonnerstagsuppe – Gundermann würzt ganz apart. Man braucht nicht viel, denn die Würzkraft ist stark. In England wurde einst das Bier mit Gundelrebe geklärt und „gill-ale" genannt.

Talente: Bei den Germanen war die Gundelrebe eine wichtige Frühlingszauberpflanze und ist nicht umsonst noch in den tradierten Frühlingsgerichten zu finden, denn sie soll nicht nur Blei und Quecksilber ausleiten, sondern wurde auch als Tonikum und wundheilend eingesetzt. Übrigens: Für Pferde ist der Gundermann frisch und auch im Heu giftig – erst nach über drei Monaten verliert die Gundelrebe ihre Giftigkeit im Heu, was uns aber nicht davon abhalten soll, ihn für uns Menschen als Würze zu nutzen, denn uns kann der kleine Lippenblütler nichts anhaben.

Taubnessel – *Lamium album*

Charakter: Ob wir nun der weißen, gelben, der roten oder anderen Taubnesseln begegnen, sie sind in vieler Hinsicht sehr ähnlich und wir können sie alle essen. Die in Mitteleuropa heimischen Arten begegnen uns vor allem am Waldrand und siedeln sich ganz von alleine im Garten an. Ihre Blätter ähneln denen der Brennnessel, die beiden Kräuter sind aber nicht verwandt.

Küchenlatein: Mit ihrem champignonartigen Geschmack eignet sich die Taubnessel hervorragend dazu, bittere oder saure Noten im Wildkräutersalat zu mildern. Mit den bunten und süßen Blüten kann man wunderbar den Salat garnieren.

Talente: Üblicherweise werden die Blüten der weißen Taubnessel zur Reinigung und Regeneration des Unterleibes empfohlen – Sitzbäder mit einem Aufguss aus blühendem Kraut tun Männern und Frauen gleichfalls gut, bei Frauen allerdings, wie so oft, nicht in der Schwangerschaft.

Garten: Diese Lippenblütler wachsen bei uns von Frühling bis Herbst. Nicht nur als Hummelweide sollte man immer irgendwo im Garten einen Platz, zum Beispiel auf Obstbaumscheiben, für die hübschen Taubnesselarten übrig haben. In gut sortierten Gärtnereien wird man neben den wilden Arten ganz bezaubernde Varianten finden.

Rosmarin – *Rosmarinus officinalis*

Charakter: Maurice Mességué schwärmt vom Rosmarin als dem „Fürst der aromatischen Kräuter" und als Franzose er ist auch in der glücklichen Lage, das Kraut wild wachsend vorzufinden. Wir hingegen müssen sehen, wie wir unsere Rosmarinpflanzen über die kalte, nasse und dunkle Jahreszeit bringen. Auch nach Jahrtausenden ist es uns noch nicht gelungen, ihn bei uns im Freien überwintern zu lassen.

Im Nektarrausch

In die Tiefen der Taubnessel-Blüten können nur langrüsselige Insekten wie die Hummeln vordringen, die beim Nektarsammeln somit auch die Pflanzen bestäuben. Einige kurzrüsselige Insekten, so auch manche Bienen, beißen sich durch den unteren Rand der Blüte und „klauen" einfach den Nektar, ohne die Pflanze zu bestäuben!

Früher dachte man, die Taubnessel sei die weibliche Brennnessel – heute weiß man, dass die beiden botanisch nicht miteinander verwandt sind. Bei einem römischen Koch aus der Antike erfahren wir, man solle „weibliche Nesseln" nehmen, um allerlei zu heilen. Wahrscheinlich meinte er damit eben jene Taubnessel.

Küchenlatein: Auf das typisch harzig-herbe und ätherische Aroma möchte man nicht mehr verzichten, wenn man einmal die berühmten Rosmarinkartoffeln ausprobiert hat. Dazu einfach ein paar Rosmarinnadeln ganz zum Schluss zu den Bratkartoffeln in die Pfanne geben, um das Kraut nicht zu verbrennen.

Garten: Rosmarin gedeiht bei uns eigentlich nur im Sommer, er liebt heiße, sonnige Plätze. Will man ihn über den Winter bringen, deckt man ihn am besten nicht zu und schneidet ihn auch nicht mehr später als August. So kann die Überwinterung vielleicht gelingen, denn der Rosmarin braucht Luft und Licht und mag keine Staunässe. Zu späte Schnitte verwunden die Pflanze zu sehr und sie kann sich vor dem Winter nicht mehr richtig mit eigenem Laub schützen.

Ich hab die Nacht geträumet, wohl einen schweren Traum.
Es wuchs in meinem Garten ein Rosmarienbaum
Ein Kirchhof war der Garten, das Blumenbeet ein Grab
Und von dem grünen Baume fiel Kron und Blüten ab.
Die Blüten tät ich sammeln in einem goldnen Krug.
Der fiel mir aus den Händen, dass es in Stücke schlug.
Draus sah ich Perlen rinnen und Tröpflein rosentot.
Was mag der Traum bedeuten? Herzliebster, bist du tot?

Altes Volkslied

Lavendel – *Lavandula*

Charakter: Wer Lavendel hört, hat sofort endlose Weiten von provenzalischem Blau vor Augen und den unverkennbaren, bestechenden und beruhigenden Duft in der Nase, schwärmt von französischem Rotwein, Baguette und deftigem Käse. Man schließt innerlich die Augen, lehnt sich zurück, hört in der Ferne die sanfte Mittelmeerbrandung und träumt von

Ruhe. Jedenfalls ergeht es mir so mit der lieblich blauen und grauen Erscheinung.

Küchenlatein: Die feine Küche hat den Lavendel schon lange für sich entdeckt und keine Kreation ist vor ihr sicher. Ob ein Gruß aus der Küche, ein Aperitif, ein deftiges Fleischgericht oder ein zartes Dessert, Lavendel war schon überall dabei! Doch sollte man die Duftbombe sparsam verwenden, denn allzu leicht schmecken die Gerichte nach Badewasser oder Duftsäckchen aus Großmutters Kleiderschrank.

Talente: Nicht nur im Wäscheschrank gegen Motten oder anderes Getier wirkt der stark aromatische Lavendel. Auch für unsere Gedanken und unser Gemüt ist der Lavendel wohltuend, er schützt uns vor allerlei üblen Einflüssen, reinigt und klärt uns, wenn wir seinen Duft in unsere Räume lassen. In Frankreich wird Lavendelwasser zum Reinigen benutzt, nicht nur weil es gut riecht, sondern auch weil es unseren Geist reinigt. Übrigens heißt das lateinische „lavare" auf Deutsch ja auch „waschen".

Garten: Lavendel mag gar nicht gerne bei Rosen stehen, auch wenn die beiden kulinarisch gut harmonieren. Die Rose will nicht so gerne in trockenem, steinigem Untergrund existieren und der Lavendel mag es gar nicht fett und feucht. Für Lavendel wie für die meisten mediterranen Lippenblütler gilt es, sie spätestens im August zu schneiden, also nach der Blüte, um noch einmal vor dem Winter eine kompakte, dichte Pflanze zu fördern. Diese verholzenden Duftoasen können dann auch noch mal im Frühling in die gewünschte Form geschnitten werden, um nicht überladend oder innen kahl zu werden.

Melisse – *Melissa officinalis*

Charakter: Melissa ist ursprünglich das altgriechische Wort für Honigbiene, abgeleitet von „meli" – „Honig". Wie man es nun dreht und wendet, die Melisse ist ein ausgesprochenes Bienenfutter!

Küchenlatein: Aber geschätzt wird die Melisse auch in der feinen Küche und wer kennt sie nicht aus Großmutters Garten? Und sie ist ja auch vielseitig einsetzbar und fehlt, wie die Petersilie an gekochten Kartoffeln, an keiner Nachspeise als obligatorisches Dekoblatt.

Talente: Nicht nur als Bienenweide wurde die Melisse im Altertum genutzt, sondern auch als entspannendes, krampflösendes und allgemein beruhigendes Kraut. Herzstärkend und bei Angstzuständen oder gar Melancholie wirkt die Melisse

Wunder. Wenn Baldrian nicht hilft, nimmt man abends einen Melissentee zu sich. Da hat man dann auch gleich vor Viren und Bakterien Ruhe.

Thymian – *Thymus vulgaris*, aber auch viele andere Sorten

Charakter: Das altgriechische Wort „thymos" (θυμός) kann Herz, Gemüt, Lebenskraft, Empfindungsvermögen, Geist, Verstand, Mut und Tapferkeit, aber auch Heftigkeit und Zorn bedeuten. Das sind starke Eigenschaften für ein kleines Kraut. Aber alle vorgenannten Merkmale treffen auch irgendwie zu auf die kleine, kraftvolle Pflanze, die wir besonders im Winter zu schätzen lernen.

Küchenlatein: Die unterschiedlichen Sorten von Thymian erfreuen uns auch mit sehr unterschiedlichem Geschmack. Bratkartoffeln mit ganz „normalem" Thymian sind einfach nur köstlich, und mit dem Zitronenthymian kann man auch mal leckere Sommergetränke würzen. Der Spanische Thymian eignet sich mit seinem Vanille-Orange-Aroma besonders gut für Nachspeisen.

Talente: Im Winter aber kommt das kleine Kraftpaket so richtig zur Geltung, denn dann können wir mit ihm herannahende Erkältungen gleich im Keim ersticken. Im Sommer, kurz vor der Blüte geernteter Thymian, schnell im warmen Schatten getrocknet und in Teetüten verpackt, erfreut uns in einem heißen Bad oder natürlich als Tee genossen.

Garten: Auch auf unseren deutschen Magerwiesen, die eventuell sogar von Schafen beweidet werden, finden wir den kleinen, niedrig wachsenden Thymian mit herrlichem Zitronenaroma! Als Unterpflanzung für einen mediterranen Kräuterkübel, als Nachbar für Lavendel, Rosmarin oder Salbei sehen alle Sorten Thymian sehr schön aus. Manche duftenden Sorten hängen sich auch ganz malerisch über die Pflanzgefäße hinaus.

Oregano – *Origanum vulgare*

Charakter: Bei Oregano denken wir heute an Pizza und überhaupt an italienisches Essen. Und tatsächlich findet man in dem Apicius zugeschriebenen römischen Kochbuch auch vor über 2000 Jahren in Italien die häufige Erwähnung des Oreganos, den man bei uns auch Dost nennt. Egal wo man dieses alte Kochbuch aufschlägt, Apicius nimmt zuerst Pfeffer und schon bald kommt ganz oft der Oregano dazu. Aber dieses in Europa heimische Kraut ist so häufig zu finden, dass es nicht verwundert, denn es ist ja schnell zur Hand.

Küchenlatein: Wenn man einen Garten hat oder einige Kräuter in Kübeln hält und gerne Kräutertee trinkt und auch noch gerne experimentiert, dann gehört Oregano auf jeden Fall in eine schöne schmackhafte wilde Garten- oder Balkonmischung.

Oreganobrötchen

Hat man vielleicht sonntagsmorgens Lust auf würzige Brötchen oder abends spontane Gäste, so kann man schnell ein paar würzige Oreganobrötchen backen:

500 g Mehl • 250 g Bier • 1/2 Würfel Hefe oder 1/2 Päckchen Trockenhefe • 1 TL Salz • Oregano, ca. eine Hand voll kleingehackt

Alle Zutaten zu einem Teig kneten und sofort kleine Brötchen formen, auf einem Blech verteilen und so lange im Ofen bei 50 °C gehen lassen, bis sie doppelt so groß geworden sind. Dann kurz bei ca. 200 °C goldbraun backen.

Talente: „Der Oregano ist eines der wirksamsten Beruhigungs-mittel, die ich kenne: Schlaflosigkeit, die das zermürbende Leben unserer Zeit oder manchmal die Liebe verschuldet hat, zerrüttete Nerven, fieberhaft Erregung, das Gefühl, dass man gleich explodieren wird, aller solcher Symptome nimmt er sich auf höchst elegante Weise an!", schreibt Mességué. Wenn man weiterliest, kann man fast auf den Gedanken kommen, dass Oregano ein Universalheilkraut ist.

Garten: Oregano oder Dost wächst nahezu überall, wo es schön sonnig ist – ganz egal wo er letztlich steht, er ist unver-wüstlich, robust, blüht sehr lange und hübsch und ist eine wah-re Insektenweide. Schmetterlinge lieben ihn und auch Gärtner haben ihre helle Freude an all den verschiedenen Variationen und Sorten, die mit den unterschiedlichsten Blütenfarben und Blattfarben bestechen. Alles immer hübsch in rosa, rot oder von tiefgrün über golden bis weiß, von niedrig bis riesig.

Majoran – *Origanum majorana*

Charakter: Der echte Majoran hat es zwar schwer im nörd-lichen Mitteleuropa, doch lohnt sein Anbau, weil er eine so anmutige und aromatische Pflanze ist. Sozusagen der kleine exotische Bruder des Dost aus Kleinasien.

Küchenlatein: Seit wann genau der Majoran ein Standardge-würz für Wurstwaren ist und traditionell für Kartoffelgerichte oder zu Hülsenfrüchten verwendet wird, ist nicht ganz klar. Aber keine Wurst ohne Majoran! Wenn man mit frischen Ma-joranblättchen eine Suppe oder Kohlgerichte würzt, wird man überrascht sein, wie exotisch plötzlich die Speisen schmecken.

Talente: Majoran hilft dem Stoffwechsel auf die Sprünge und hat eine ähnlich beruhigende Wirkung wie sein großer robus-ter Bruder, der Oregano. In der Parfüm- und Kosmetikindus-trie ist der Majoran übrigens ein wichtiger Aromastoff.

Wohliges für den Winter

Im warmen Sommer, wenn die meisten Lippenblütler blühen, denken wir vielleicht gar nicht an den Winter. Vielleicht liegen wir gerade entspannt mit einem Erfrischungsgetränk, zum Beispiel einem selbstgemachten minzigen Eistee, auf dem Balkon und lassen uns die Sonne auf die Nase scheinen. Dann sollten wir gerade jetzt kurz noch einmal aufstehen und ein paar Stängel Minze, Melisse, Oregano oder Salbei pflücken und an den Winter denken. Da sitzen wir wieder gemütlich auf dem warmen Sofa, vielleicht sogar vor dem Kamin, und denken, dass jetzt eine wohlige Tasse Kräutertee uns richtig schön bettschwer machen könnte. Vielleicht überkommt uns die Lust auf einen entspannenden Lavendeltee oder einen Thymianaufguss, weil uns am Tag irgendwie der Hals kratzte.

Wenn man die Lippenblütler wie zum Beispiel die Minzen oder Melissen trocknen möchte, um aromatische Kräuter für den Winter zu bewahren, sollte man sich unbedingt die Mühe machen, die Blättchen einzeln zu trocknen, das heißt sie vom Stängel zu entfernen, denn der ist meist gar nicht aromatisch. Die klassischen, umgekehrt aufgehängten Kräutersträuße verstauben erstens und zweitens zieht sich das Aroma der Blätter noch teilweise in die Stängel zurück.

Minze – *Mentha* (verschiedene Arten)

Charakter: Kaum ein Kraut ist bekannter oder vielgestaltiger als die Minze, zumindest was ihre Aromen angeht. So hat jede Region, hat jeder Garten seine bewährten und überlieferten Sorten. Von Garten zu Garten werden die alten Minzsorten gereicht und scheinen unverwüstlich. In allen Kulturen finden wir die Minzen und auch in der Natur sind viele Sorten unterwegs. Im Hunsrück, wo ich derzeit wohne und den Naturkräu-

The royal herb strewer –
der Beruf des Kräuterstreuers

Am englischen Hofe gab es nachgewiesenermaßen zumindest im 17. Jahrhundert die sogenannten Kräuterstreuer. Ihre Aufgabe war es vor allem, den üblen Geruch der Themse zu übertünchen und natürlich die königlichen Gemächer zu desodorieren und aromatisieren – mit Basilikum, Bohnenkraut, Kamille, Gänseblümchen, Fenchel, Lavendel, Majoran, Minze, Poleiminze, Salbei, Ysop, Veilchen oder Zitronenmelisse. Dass man aus romantischen Gründen Rosenblütenblätter bei Hochzeiten streut, kommt einem dabei schnell wieder in den Sinn. Aber der Brauch, die Böden von Räumen mit Kräutern zu bestreuen, ist viel älter.

tergarten betreibe, fand ich eine bananenartig duftende, kleine Sorte mitten im lichten Wald, an feuchten Stellen. Die Minze kommt in Deutschland als sogenannte Ackerminze flächendeckend vor, genau wie die Bach- oder Wasserminze. Beide Minzen können wir auch gut im Garten ziehen und bewahren und natürlich nutzen.

Küchenlatein: Selbst mit geschlossenen Augen können wir die Minzen mit Nase und Zunge noch in kleinen Mengen unverkennbar herausschmecken! Typische Getränke mit Minze sind der Mojito – mit der entsprechenden Mojitominze, Rohrzucker, Limetten und weißem Rum – oder der seit einiger Zeit angesagte Hugo, der neben Holunderblütensirup auch frische Minze enthält. Aber ganz klar gehört auch in einen typischen arabischen Tee die „Nana" genannte Minze.

Talente: Für Herz, Nerven, Verdauung, bei Kopfschmerz, Atembeschwerden oder Schlaflosigkeit, Infektionen aller Art und als Wunder gegen Zahnfleischschmerzen wird die Minze empfohlen.

Die Scharfen und Kohligen

Die scharfe Kresse und ihre Verwandte, die Rucola, sind beliebte Gäste in unserer Kräuterküche, aber viele wird es verblüffen zu hören, dass sie zu den Kohlgewächsen gehören! Aus der großen Familie der Kreuzblütler oder *Brassicaceae* haben sich seit der Römerzeit die wunderlichsten Sorten in unseren Küchen breit gemacht und verzaubern uns mit ihrem ausgeprägten Geschmack oder hübschen Formen. Die Wildform des Gemüsekohls, *Brassica oleracea*, kommt in Deutschland nur noch wild auf Helgoland vor. So werden wir auch in der großen Familie der Kreuzblütler, *Cruciferae*, Kohlgewächse oder *Brassicaceae* für unsere kulinarischen Genüsse fündig. Das Kresseschälchen, Rucola tafelfertig aus der Tüte, leuchtend rote Radieschenbunde, Brokkoli, Kohlrabi, Weißkohl, Rotkohl, Spitzkohl, Romanesco und – kein Biergartenbesuch ohne Radi! Aber nun zu den leckeren kräuterigen Kohlgewächsen:

Gartenkresse – *Lepidium sativum*

Charakter: Das Kresseschälchen ist wohl der Klassiker unter den Kräutern schlechthin, sieht man einmal von Petersilie und Schnittlauch ab. Wild findet sich die Gartenkresse noch in West- und Zentralasien. Lässt man die Kresse aus den Schälchen älter werden und ausblühen, wird man rasch auch die Verwandtschaft zu den Kohlgewächsen an den kleinen Schoten sehen, die sich nach der Blüte bilden.

Küchenlatein: Von allen Kohlgewächsen hat die Kresse den zartesten, aber auch aromatischsten Geschmack und ich finde frische junge Pellkartoffeln mit frischer Kresse umwerfend. Als bloße Garnitur ist sie viel zu schade – lieber mal verschwenderisch genießen!

Kresseschälchen

Der neueste Schrei sind „Kresseschälchen" mit bunten Mischungen von Kräutern, die interessante Namen tragen und oftmals gar keine Kresse mehr sind, sondern einfach nur Sämlinge von den verschiedensten Pflanzenarten. „Zitronenkresse" beispielsweise besteht aus winzigen jungen Pflänzchen des Zitronenbasilikums, dicht gedrängt in einer Schale. So gibt es auch „Korianderkresse" oder „Shisokresse", die besonders beliebt ist in feinen Restaurants.

Talente: Denn die Kresse ist nicht bloß ein Alibigrün auf dem Teller. So klein die Kresse auch ist, sie steckt voller gesunder Stoffe wie Vitamin C und Jod. Die Senföle in den Kohlgewächsen stärken außerdem Nieren und Blase. Die besondere Mischung an Mineralien und Vitaminen macht die kleine Kresse auch für Diäten interessant, denn der Genuss soll auch den Appetit zügeln.

Pfefferkraut – *Lepidium latifolium*

Charakter: Der Vergleich mit Wasabi hinkt keineswegs, denn erstens sind die beiden „Brüder" und zweitens schmecken die Blätter des einen wie die Wurzeln des anderen. Nur dass Wasabi in japanischen Gebirgsbächen steht und Pfefferkraut oder ausdauernde Kresse in Deutschland zu finden ist. Besonders an Mosel, Rhein und Elbe stehen teilweise ganze Uferwiesen voll davon.

Küchenlatein: Die frischen jungen Blätter schmecken süßlich-scharf und erinnern eben an Wasabiwurzel. Klein gehackt in Quark oder Kräuterdipps, als milde Würze für Suppen oder Gemüsegerichte kommt diese prickelnde Schärfe sehr gut an. Dabei ist der Geschmack mehrdimensional. Eben nicht nur scharf oder meerrettichartig oder senfig. Im Gaumen und auf der Zunge variieren die Nuancen des Pfefferkrautaromas. Der scharfe, aber aromatische Geschmack mildert sich beim Erhitzen, aber auch frisch in Salaten oder als Dressingzutat ist das Pfefferkraut eine wahre Delikatesse. Ein Pesto aus den Blättern ist eine echte Alternative zum teuren Wasabi.

Garten: Das Pfefferkraut ist sehr anspruchslos, vermehrt sich hauptsächlich durch Ausläufer und lässt sich leicht im Garten ziehen. Nur im Gewächshaus sollte man es nicht halten, da übernimmt das Pfefferkraut dann gerne die Regie.

Rucola oder Garten-Senfrauke –
Eruca vesicaria subsp. Sativa

Charakter: Im antiken Rom war die Rucola genauso beliebt wie heute, allerdings kaufen wir heute im Supermarkt eine nahe Verwandte als Rucola, nämlich die Schmalblättrige Doppelsame (*Diplotaxis tenuifolia*), deren Blüten klein und gelb sind und eher an Raps erinnern. Beide Pflanzen, die wir als Rauke oder Rucola bezeichnen, sind sogenannte Neophyten, die sich aber in Deutschland unbeständig verbreitet haben.

Küchenlatein: Die jungen Blätter haben eine leicht nussige Senfnote und schmecken als Salatbeigabe ebenso wie die Blüten.

Garten: Gärtnern ist diese Pflanze mit ihren großen hübschen, cremeweißen Blüten durchaus noch bekannt als einjährige und in milden Wintern überdauernde Gartenpflanze. Auch die verwandte schmalblättrige Doppelsame kann man im Garten wunderbar als Staude ziehen und wöchentlich beernten, wenn man sie gut feucht hält, auch um den Erdfloh, einen kleinen schwarzen Käfer, der die Pflanzen gerne durchlöchert, fern zu halten.

Brunnenkresse – *Nasturtium officinale*

Charakter: In England, Frankreich und Deutschland wird die Brunnenkresse großflächig angebaut und ist seit der Antike ein geschätztes Kraut der feinen Gourmetküche.

Küchenlatein: Der unvergleichlich kräftige Geschmack der Kresse bleibt auch beim Kochen erhalten und so ist die Brunnenkressesuppe wahrscheinlich das bekannteste Gericht, in dem sie verwendet wird.

Talente: Einst wurde die Brunnenkresse gegen Skorbut oder als Aphrodisiakum verwendet und wie viele Kohlgewächse aufgrund ihrer blutreinigendenden und appetitanregenden Wirkung geschätzt.

Garten: Diese edle Kresse wächst am liebsten in fließenden Gewässern und ist daher im Garten etwas schwerer zu halten. Eine Weile gelingt das aber doch, wenn man immer schön gießt.

HUNGERBLÜMCHEN

Alles ist ihm klein geblieben,
kleine Blüte, kleines Blatt.
Hungert meist. Ist schon zufrieden,
daß es Frühlingssonne hat.

Wächst, wo große Blumen selten
Wachsen, blüht von März bis Mai.
Wenn sich erste Stare melden,
ist sein Blühen bald vorbei.

HANNES BOSSE

Felsenblümchen – *Draba muralis*

Manchmal passieren erste Begegnungen mit einer Pflanze über das Wort, seinen Klang, über alles, was mitschwingt, wenn man etwas zunächst einmal nur hört oder zusätzlich allenfalls flüchtig sieht. Das Auge oder das Ohr scheinen dann allen anderen Sinnen im Voraus schon einen prägenden Eindruck zu vermitteln. So ist es mir mit dem Felsenblümchen gegangen. In der Natur würden wir diese winzige Pflanze kaum entdecken, so unscheinbar lugt sie zwischen Steinen und Mauern hervor. Aber als ich Friedmunt Sonnemann, einen Saatguterhalter, zum ersten Mal den Namen aussprechen hörte, reizte mich dieses Kraut sofort. Erst später entfaltete es über den Gaumen wahre Geschmacksexplosionen, die mich regelrecht sprachlos machten.

Auf der Zungenspitze ist es erst süß, dann scharf und später schmeckt man Waldmeister, um nur eine grobe Einschätzung seiner Nuancen zu geben. Ich empfinde seine zarte Würze als sehr zurückhaltend und flüchtig, lediglich im Gehirn hinterlässt es einen bleibenden Eindruck. Sicher nicht für Jedermann – denn nicht jeder schmeckt das Gleiche. Gerade die Kreuzblütler, also Kohlgewächse, die oft in Meerrettichschärfe übergehen, können ganz schön aufdringlich werden, vor allem wenn sie mit zweifelhaften Methoden gedüngt oder gar überdüngt werden.

Der Autor und Kräuterfreund Hannes Bosse (1923–2013) hat eine kleine Verwandte des Felsenblümchens literarisch entdeckt, das Hungerblümchen namens Draba verna.

Die Erlauchten

Die 80er Jahre des 20. Jahrhunderts waren eine einzige grüne Welle und Quelle für mich. Im Geiste Goethes, Steiners und anderer ökologischer Vordenker wurden die Essays von Jürgen Dahl in der Zeitschrift „natur" veröffentlicht. Seine Freude am Entdecken war für mich damals hoch ansteckend, als angehender Teenager zwischen atomarer Bedrohung und Greenpeace-Schlagzeilen sog ich sie als Trost regelrecht auf. Die Beschäftigung mit Pflanzen und Gärten schien mir eine Grundbedingung des Lebens zu sein, gepaart mit Neugier und immer auch ein wenig mit der Angst vor der unbekannten, wilden Natur. In seinen „Nachrichten aus dem Garten" machte Dahl nun auf eine kuriose Pflanze aufmerksam: die Etagenzwiebel. Selbst wenn sie ein „harmloses" Lauchgewächs und heute gar nichts Besonderes mehr ist – auf mich machte diese erlauchte Pflanze damals großen Eindruck, und sie ist durchaus bemerkenswert, wie wir sehen werden.

Luftetagenzwiebel – *Allium proliferum*

Charakter: Ein kleines Wunder der Natur ist die Etagenzwiebel oder Johanniszwiebel, denn sie erstaunt mit außergewöhnlichem Wuchs: Sie bildet an ihren Stängelenden ein Nest von 6 bis 8 Brutzwiebeln, die wiederum bald austreiben, eine zweite Etage von Luftzwiebeln hervorbringen, auf die schließlich noch eine dritte Etage von Zwiebeln folgt. Statt der unterirdischen Überdauerungs- und Speicherorgane ihrer Verwandten hat sie einfach oberirdisch wachsende Vermehrungsorgane.
Küchenlatein: Die dicken fleischigen Röhren kann man wie Schnittlauch verwenden und die Zwiebeln im Boden ebenso verzehren wie die Brutzwiebeln am oberen Ende des Stängels. Sie ist schärfer als Zwiebeln oder Schnittlauch.

Talente: Wie alle Zwiebelgewächse wird die Luftetagenzwiebel als appetitanregendes Gemüse mit verdauungsfördernder Wirkung eingesetzt.
Garten: Die Luftetagenzwiebel ist ein unverwüstliches Highlight für Fensterbank, Garten oder Gewächshaus. Einfach die kleinen Brutzwiebeln, so sie nicht selbst abfallen oder sich mit ihrem Gewicht selbst zu Boden neigen, in die Erde stecken.

Schnittlauch – *Allium schoenoprasum*

Charakter: Ob fein oder grobröhrig, Schnittlauch ist und bleibt ein Klassiker in der Küche, und das seit Tausenden von Jahren.
Küchenlatein: Während die Römer ihn auch gerne garten, kennen wir eher seine Würzeigenschaften als ungekochtes Kraut. Allerdings ist auch bei uns zum Beispiel ein Omelett mit Schnittlauch obligat. Schnittlauch, Kerbel, Petersilie und Estragon sind die typischen Kräuter der sogenannten „fines herbes" der französischen Küche – eine verdammt leckere Kombination!
Talente: Schnittlauch, so sagt man, vertreibt die Frühjahrsmüdigkeit, reinigt das Blut und hält uns nicht nur Vitamin C bereit, sondern auch viele andere Inhaltsstoffe, die wir gerade im Frühjahr gut brauchen können.

Was uns der Schnittlauch erzählt

Der feine Schnittlauch (im Bild rechts mit rosa flauschigen Blüten) kann eine richtige Geschmackszicke sein, oder vielleicht sollten wir lieber sagen, er gibt im Gaumen einfach direkt das weiter, was ihm während seines Wachstums an Nährstoffen zugeführt wurde. So kann er lasch oder aufdringlich, fade oder pompös daherkommen, uns anwidern oder verwöhnen, so direkt und ehrlich ist er. Fast können wir anhand seines Geschmacks identifizieren, auf welchem Boden er gewachsen ist. Ähnlich wie ein guter Sommelier die Lage eines Weines herausschmecken kann, erzählt der Schnittlauch uns, was er so alles aus dem Boden fischen konnte oder eben nicht. Je natürlicher seine Umgebung, je vielfältiger seine Nachbarkräuter, desto schmackhafter und vielgestaltiger wird sein Aroma. Auf ähnliche Weise verraten übrigens auch Kohlpflanzen ihren Wuchsort und die ihnen verabreichten Düngegaben.

Bärlauch – *Allium ursinum*

Charakter: Diesen feinen Knoblauch aus dem Walde kennt wahrscheinlich jeder, denn dem Hype um das Kraut kann man kaum entgehen. Wenn man sich die Karte auf floraweb.de anschaut, wird man den Wilden Knoblauch fast in ganz Deutschland finden, dennoch ist Vorsicht geboten! Allzu leicht scheinen sich immer wieder Menschen zu vergreifen und bringen statt Bärlauch auch die tödlich giftigen Maiglöckchenblätter mit.

Küchenlatein: Mit Bärlauch lässt sich fast alles würzen und verfeinern. Seine Knoblauchnote ist kräftig, aber zarter im Geschmack als richtiger Knoblauch. Da es schon so viele fertige Zubereitungen mit Bärlauch gibt, schlage ich vor, ihn einfach mal pur auf einem Butterbrot zu genießen oder frisch im Salat!

136 | Die Liebe zu den Kräutern

Ganz besonders lecker sind natürlich die hübschen weißen und auch ganz schön scharfen Bärlauchblüten.
Talente: Bärlauch soll Bärenkräfte verleihen, wenn wir aus dem Winterschlaf erwachen. Und genau dann ist er für kurze Zeit zur Stelle. Im Wald breiten sich riesige Teppiche mit Bärlauch aus und schreien geradezu danach, geerntet zu werden. Man empfiehlt ihn als Frühjahrskur zum Entschlacken und Reinigen – bis man den Winter ausgetrieben hat und zu neuen Taten bereit ist.
Garten: Wer einen Garten hat oder eine Kübelpflanze, die noch einen Kollegen braucht, und der gefährlichen Verwechslung mit den Maiglöckchen entgehen will, der pflanze sich den Bärlauch gut zugänglich daheim. Auch dort wird er sich Jahr um Jahr vermehren.

Bärlauch-Giersch-Pesto

Für ca. 8 Gläschen à 100 g:
je 150 g Bärlauch und Giersch • 400 ml Olivenöl • 100 g geröstete Mandeln, Pinienkerne oder Walnüsse • 2 Prisen Salz

Bärlauch und Giersch nach dem Waschen sehr gut trocknen oder so gut pflücken, dass man nicht waschen muss. Alle Zutaten in einem Mixer zerkleinern, in die vorbereiteten Gläser (kochend heiß ausspülen und vollständig trocknen lassen) füllen, mit etwas Öl bedecken und fest verschließen.

Vichyssoise (kalte Kartoffel-Lauchsuppe)

5 Stangen Lauch • 2 Zwiebeln • 50 g Butter • 4 große Kartoffeln • 150 ml Weißwein • 1 l Gemüsefond • Salz, Pfeffer
150 g Crème fraîche • Schnittlauch

Lauch und Zwiebeln klein schneiden und in der Butter anschwitzen. Die geschälten und in hauchdünne Scheiben geschnittenen Kartoffeln zugeben und nach ein paar Minuten mit dem Weißwein ablöschen. Anschließend den Gemüsefond zugeben, alles mit Salz und Pfeffer würzen und solange köcheln, bis die Kartoffeln zerfallen. Mit dem Pürierstab ganz fein pürieren, die Crème fraîche unterrühren und kalt stellen. An heißen Tagen serviert und mit Schnittlauch garniert ein Gedicht!

Schnittknoblauch – *Allium tuberosum*

Charakter: Der „Bärlauch" fürs ganze Jahr! Schnittknoblauch ist unverkennbar mit seinen abgeflachten Blättern. Statt röhrig und hohlstängelig ist sein Blatt ganz flach und fleischig, aber nicht so breit und zartschmelzend wie Bärlauch.

Küchenlatein: Eine durchaus würdige Alternative zum Bärlauch und diesem ganz ähnlich im Aroma, sowohl was die Blätter als auch was die Blüten betrifft, die man wunderbar als essbare Dekoration nehmen kann. Wir können den Schnittknoblauch als Würze, roh und kleingeschnitten wie Schnittlauch, Knoblauch oder Bärlauch verwenden.

Garten: Schnittknoblauch ist recht robust, und die Pflanzen können über einen halben Meter groß werden. Im Sommer erfreuen sie uns mit ihren weißen Blütendolden.

Widerborstig Feinsinnige –
die Raublatt- oder Borretschgewächse

Mit verschiedenen Blautönen, die auch in Weiß und Rosa abweichen können, warten die Raublattgewächse mit ihren Blütenwickeln auf. Die meisten blühen im Frühjahr über eine lange Zeit, denn nach und nach rollt sich der Blütenwickel auf und gibt immer wieder frische Einzelblüten für die Insekten frei. So kennen wir alle den Borretsch als Zutat für die Frankfurter Soße oder als hübsche Bienenweide im Garten oder das Vergissmeinnicht. An Straßenrändern sehen wir im späten Frühjahr blaue Haine voll mit Natternkopf oder finden in sumpfigen Gegenden Meere von Beinwell, wenn sie nicht vom Neophyten Springkraut verdrängt worden sind. Es lohnt sich, in einem großen Garten Natternkopf und Ochsenzunge in die Sonne zu setzen oder den Schatten mit Lungenkraut zu begrünen, um ganze Schwärme von Schmetterlingen oder einfach nur unser Auge zu erfreuen.

Austernpflanze – *Mertensia maritima*

Charakter: Die liebliche Austernpflanze widerspricht ihren Verwandten aus der Raublattfamilie zumindest im Haptischen, denn ihre feinen türkisen Blättchen sind ganz glatt und geschmeidig. Sie verrät sich aber mit ihren leuchtend blauen Blütenwickeln als Schwester des Borretschs oder Beinwells.
Küchenlatein: Und auch ihr Geschmack kitzelt unseren Gaumen in der typischen Familienmanier. Doch schweift sie weit vom Gurkigen ins Pilzige ab, ja manch einem schmeckt sie wirklich wie vegetarische Austern! Als Salat etablierte sie sich schon in der feinen Gastronomie, um mit ihrem exquisiten Geschmack und ihrer ungewöhnlichen Farbe zu bereichern.
Garten: Von der Küstennähe in unsere Blumenkübel oder

140 | Die Liebe zu den Kräutern

Beete fand sie ihren Weg und ist auch noch winterhart. Ich empfehle, sie in vor Schnecken sichere Gefäße zu pflanzen, wo sie nicht nur hübsch anzusehen ist, sondern für unsere Salate gepflückt werden kann.

Borretsch – *Borago officinalis*

Charakter: Einst aus dem Mittelmeerraum kommend, ist Borretsch jetzt in ganz Europa beheimatet und eine der typischsten Bauerngartenpflanzen überhaupt. Borretsch im Kräutergarten zu haben, ist obligatorisch. Auch weil er so einfach zu ziehen ist, fängt man als Neuling auf jeden Fall mit Borretsch an.

Küchenlatein: Borretsch wird nicht umsonst auch Gurkenkraut genannt, da seine Blätter deutlich nach frischer Salatgurke schmecken. Wir genießen ihn als eines der wichtigen Kräuter der Frankfurter Grünen Soße oder schmackhaftes frisches Kraut in grünen Smoothies oder Kräutergazpachos.

Talente: Borretsch ist ein Mutmacher und Fröhlichmacher, allein die hellgrüne Blattfarbe, das lichte Blau der Blüten und man will fast sagen: der muntere Wuchs stimmen einen schon heiter, doch mit dem Einverleiben des Krautes wächst auch der Mut im Menschen.

Garten: Mit leuchtend blauen oder schneeweißen Blüten erscheint schon zeitig im Frühjahr der Borretsch überall im Garten, denn wenn man ihn einmal ausgesät hat, wird er immer wieder kommen. Er hält an seinen harten schwarzen Samen ein fleischiges „Leckerli" für Ameisen bereit, die ihn dann verbreiten.

Beinwell – *Symphytum officinalis*

Charakter: Hinter dem Namensbestandteil „Bein" verbirgt sich der Knochen und „well" bedeutet „wallen", was althochdeutsch Heilen bedeutet – mit anderen Worten: Beinwell kann Knochen zusammenwachsen lassen.

Küchenlatein: Ähnlich wie Borretsch schmecken auch Beinwellblätter saftig nach Gurke und finden Verwendung in Suppen, Salaten und Smoothies. In die großen Beinwellblätter kann man Sushireis oder frischen Ziegenkäse einrollen und die Röllchen kann man dann braten.

Talente: Anwendung findet die Wurzel bei Knochenbrüchen, Sehnenscheidenentzündungen, aber auch bei Phantomschmerzen. Beinwellstauden, an kränkliche Bäume gepflanzt, können diese in ihrem Weiterwuchs unterstützen.

Beinwell ist nicht nur Heilpflanze und Nektarspender,
auch als Bodenverbesserer und als Stickstoffdünger
dienen die schnellwachsenden Raublattgewächse.

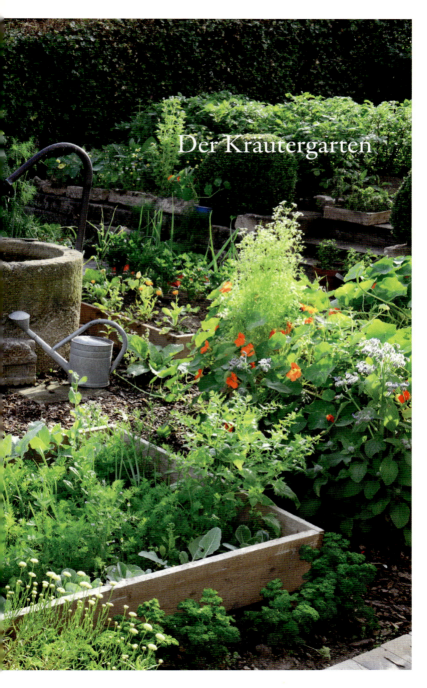

Der Kräutergarten

Der Kräutergarten

Natürlich ist es wunderbar, durch Wälder und Wiesen zu streifen und die Wildkräuter, die uns dort begegnen, direkt in der Natur zu ernten. Aber ebenso faszinierend ist es, sich selbst einen Garten anzulegen, zu beobachten, wie er gedeiht, welche Pflanzen gut miteinander auskommen und welche weniger, den Anblick der Blüten und den Duft zu genießen – und nicht zuletzt die eigenen Kräuter zu ernten. Ein Kräutergarten kann außerdem ein wunderbares Refugium sein.

Die Geschichte des Kräutergartens ist ursprünglich eine Geschichte des Nutzgartens, in dem nicht nur Kräuter, sondern auch Gemüse und Früchte kultiviert wurden. Erst im Laufe der Zeit entwickelten sich hieraus die verschiedenen Spielarten von Gärten, die – wie so vieles in unserem Leben – auch bestimmten Moden unterworfen waren.

Kräuter in der europäischen Gartentradition

Die europäische Gartentradition hat ihren Ursprung in den ersten umfriedeten Siedlungen, in denen vornehmlich Tiere gehalten wurden. Die Umfriedung bestand oft aus Schlehe, Weißdorn, Holunder oder Hasel und war ein dichter Schutz gegen wilde Tiere.

Der Anbau von Gemüse, Früchten und Kräutern in diesen Umfriedungen diente lange Zeit ausschließlich der Selbstversorgung. Erst später spielten dekorative und landschaftsarchitektonische Elemente eine Rolle.

*Abbildung aus dem Manuskript des andalusisch-
arabischen Arztes Albucasis (936–1013).
Er hat die europäische Medizin bis zur Renaissance geprägt.
In diesem Heilgarten wird Wermutkraut gepflückt.*

So kultivierten Germanen, Kelten, Griechen und Römer

Die Germanen und Kelten kultivierten Bohnen, Erbsen, Kohl und andere Gemüse und mussten diese wiederum gegen die Haustiere, vornehmlich Schweine, schützen. In diese frühen Gärten wird sich der Mensch alles gepflanzt haben, was er zum täglichen Leben brauchte. Neben Nahrungsmitteln wuchsen auch die tradierten Heilkräuter für Mensch und Tier neben oder zwischen dem Gemüse.

Die Gärten der Griechen und Römer sind uns als prachtvoll ausgestattete Orte zum Lustwandeln, Ruhen, Nachsinnen oder Feiern bekannt. Architektonische und ästhetische Elemente wie Wasseranlagen, Statuen, Fresken, Pergolen, Mosaiken, Vogeltränken, Springbrunnen und Sitzgelegenheiten spielten eine mit der Zeit immer bedeutendere Rolle in der römischen Gartenkunst. Auch Zierfische oder Vögel hielt man gerne in den Anlagen. Trotzdem hatten sich auch diese Gärten ursprünglich aus landwirtschaftlicher Notwendigkeit heraus entwickelt. Neben Obstbäumen, Rosen, verschiedenen Kohlsorten, Erbsen und Bohnen kultivierte man in der Antike kulinarische und heilkräftige Kräuter, Blütenpflanzen zur Herstellung von Honig und Parfüm sowie Zierpflanzen, die zur Desodorierung oder Dekoration von Räumen genutzt wurden. Unermüdlich war man damit beschäftigt, exotische Früchte und Gewürze aus fernen Ländern wie zum Beispiel Indien zu beschaffen und zu züchten. Die Gartenarbeit wurde dabei mit Hilfe von Geräten erledigt, die sich kaum von jenen unterscheiden, die wir heute noch zum Umgraben, Hacken, Harken, Schneiden oder Ernten benutzen. Aber wenn wir uns die Pflanzen ansehen, die die römischen Invasoren in ganz Europa verbreiteten, werden wir viele gar nicht mehr kennen.

*Rekonstruktion eines mittelalterlichen Gartens
vor der Stadtmauer von Rodemack (Lothringen)*

Die Gärten des Mittelalters

Im Vergleich zu den antiken Anlagen erscheinen uns die mittelalterlichen Gärten heute eher nüchtern und zweckbetont. Überhaupt bestand nur eine geringe Kontinuität zwischen der römischen Gartenkultur und den mittelalterlichen Bauern- oder Klostergärten. Erst Karl der Große scheint die kulinarische und heilende Pflanzenwelt mit seiner Landgüterverordnung wieder erweitert zu haben. Diese viel zitierte Verordnung, kurz „Capitulare de villis", griff auch römische Vorbilder auf und stellte ein Minimum an Kulturpflanzen dar, die in Karls Gütern angebaut werden sollten. Maulbeere, Speierling und Mispel waren zum Beispiel als Obstbäume darunter – Pflanzen, die man jetzt gerade wieder entdeckt. Aber auch Feige oder Pinie sollten nicht fehlen, ebenso Kichererbse, Weinraute, Bärwurz und Pferdeeppich, Amaranth, Gartenmelde und Bärlauch. Auch diese Pflanzen haben wir in den letzten Jahren (wieder) kennen und lieben gelernt.

Für die mittelalterliche Gartenkultur spielten darüber hinaus natürlich die Klöster eine herausragende Rolle. Zwischen dem 6. und dem 15. Jahrhundert legten die katholischen Orden in Mitteleuropa zahlreiche Klostergärten an. Zwar ist heute kein einziger dieser Gärten mehr im Original erhalten, und wir können nicht mit Sicherheit sagen, welche Pflanzen hier wie angebaut wurden, aber wir können davon ausgehen, dass es sich um ziemlich pragmatische, schmucklose Anlagen handelte, in denen die verschiedenen Kräuterbeete ordentlich und nach praktischen Gesichtspunkten angeordnet und beschriftet waren. Im berühmten „Sankt Galler Klosterplan" aus dem 9. Jahrhundert kann man zum Beispiel erkennen, dass der verdauungsfördernde Kümmel im Gemüsegarten direkt neben den Kohl gesetzt wurde!

Entdeckergeist und Gartenmoden der Neuzeit

Entdeckerfreude riefen und rufen Pflanzen immer wieder hervor. Und doch braucht so manche Neuentdeckung ihre Zeit, bis sie Eingang in die kulinarischen und heilkundlichen Gewohnheiten einer Kultur findet. So erging es zum Beispiel der Kartoffel, die sich erst langsam in Europa etablieren musste. Im 16. Jahrhundert gelangte sie von Südamerika nach Europa, wo sie zunächst als seltene Zierstaude in Botanischen Gärten kultiviert wurde. In Deutschland wird sie erst seit 1738 in großem Stil als Nahrungsmittel angebaut. Mit der Entdeckung Amerikas kamen viele neue Pflanzen ins Spiel, die sich langsam in die Renaissance- und Barockgärten integrierten. Heute sind uns manche von ihnen so vertraut, als hätten sie schon immer in Europa existiert. So hat sich die Zitronenverbene als typische französische Tee- und Duftpflanze in unseren Köpfen verankert und als „Verveine" etabliert.

150 | Die Liebe zu den Kräutern

Eine botanische Modewelle gab es auch zu Goethes Zeiten, nicht zuletzt angeregt durch Rousseaus Schriften. Die strenge Gartenarchitektur löste sich auf zugunsten natürlich aussehender Anlagen im Stil des englischen Gartens. Dieses vermeintliche „back to nature" brachte viel Ärger mit Schnecken, Lust an neuen Pflanzen und Gartenexperimenten und ein großes Interesse an der Systematik der Pflanzen mit sich. Goethe wollte gar eine Urform der Pflanzengestalt ergründen und schrieb neben herrlichen Gedichten über Veilchen oder Rosen auch über die Metamorphose der Pflanzen. Vor allem aber war er Gartenpraktiker und Pflanzensammler. In seinen großen Haus-, Nutz- und Ziergärten, die es teilweise rekonstruiert und rekultiviert zu bewundern gibt, zog und vermehrte er alles, was er auf Märkten und Messen oder in botanischen Gärten erstehen konnte.

Ja, Goethe hat es mir angetan – aber seine Begeisterung ist auch wirklich ansteckend, schwärmte er doch nicht nur, sondern schritt auch zur Tat in seinen Gärten. Also: Schneiden wir uns ein Scheibchen ab von seinem Gartendrang und fangen an zu säen und zu pflanzen.

Das eigene Kräuterparadies

Die Faszination eines Gartens betört fast jeden Menschen – ob nun ein klassischer, ein strenger, ein barocker, ein Gemüsegarten oder ein wilder Garten – wir können uns dem beruhigenden Wesen des Gartens und Gärtnerns einfach nicht entziehen, denn der Mensch ist ein *homo faber*! Das Erschaffen eines Gartens ist Balsam für die Seele und wird nicht umsonst endlich auch als Therapie eingesetzt. Allein der Blick auf einen Garten lässt Menschen besser genesen als der stumpfe Blick auf eine Mauer. Die Grüne Kraft wirkt schon beim ersten Atemzug und wie viel mehr dann das Erleben und Schaffen im eigenen Garten. Und oft ist der Weg das eigentliche Ziel – wenngleich die „Früchte" natürlich auch zur stetigen Befriedigung eines Gärtners, einer Gärtnerin beitragen. Deshalb möchte ich an dieser Stelle ein paar Anregungen und praktische Tipps geben, die Ihnen das Pflegen eines eignen kleinen Kräutergartens erleichtern.

Vom Sämling über den Steckling zur Pflanze

Für jede Gärtnerin und jeden Gärtner ist es immer wieder eine Freude, zu den verschiedensten Zeiten die unterschiedlichsten Samen zu säen. Es gibt unzählige Vorschriften und Angaben, wie und wann man die Samen in welche Erde und in welches Milieu einbringen soll, mit welchen Vorrichtungen man auf welche Weise die Samen behandeln sollte. Man kann es sich aber auch ganz einfach machen. Im Grunde kann man jede Erde nehmen, auch magere Aussaaterde, die es – auch in Bio-Qualität – fertig zu kaufen gibt.

Natürlich gibt es, was Ort und Zeitpunkt der Aussaat angeht, ein paar Ausnahmen wie die Frost- und Lichtkeimer. Süßdolde und Engelwurz haben ganz gerne einen kleinen Frostimpuls – man könnte sie also schon im Herbst, wenn sie auch von selbst auf die Erde fallen würden, in Saatschalen legen und draußen stehen lassen, bis sie von selbst im zeitigen Frühjahr keimen.

Basilikum ist ein ausgesprochener Lichtkeimer und mag seine Samen auf keinen Fall bedeckt haben. Vor Mai muss die Aussaat nicht erfolgen, denn Basilikum mag es gar nicht kalt.

Minzen, Schildampfer oder Pfefferkraut werden über die Wurzeln vermehrt. Dazu nimmt man die Ausläufer und verpflanzt sie an andere Stellen oder topft sie ein oder um, wenn sie sich verzweigt haben.

Am besten Kübel

Alle mediterranen Kräuter fühlen sich auch im Kübel wohl. Hier kann man ihnen ein schönes trockenes Plätzchen in der Sonne, auf der Terrasse oder dem Balkon bereiten. Unten in die Tontöpfe legt man Steine oder Scherben von Tontöpfen. Darüber kommt ein mit Kies oder Tonkügelchen, wie man sie für die Hydrokultur kaufen kann, gemischter magerer Boden. Natürlich geht auch fertige Kräutererde oder lockerer Kompost, der, wie gesagt, gemischt ist mit allerlei Gestein oder Scherben. Auch für Minzen empfehle ich großzügige Tontöpfe, allerdings möchten die Minzen es wiederum gar nicht mager und auch nicht trocken, aber trotzdem schön locker. Ihrer Tendenz, mit langen Wurzelausläufern den ganzen Garten zu durchziehen, kann man so entgegenkommen und hat sie auch immer schön griffbereit.

Eine Kräuterspirale für den eigenen Garten

Eine Kräuterspirale passt in jeden noch so kleinen Garten, am besten in die Nähe der Küche. Erstens sieht so eine Kräuterspirale sehr hübsch aus und zweitens ist sie bequem zu beernten und man kann seinen Lieblingskräutern einen angemessenen Platz zum Wachsen geben. Denn der schneckenhausartige Aufbau mit den unterschiedlichen Höhenniveaus und Bodenarten entspricht den unterschiedlichen Ansprüchen der Kräuter.
Auf der Grundfläche bzw. im Inneren der Spirale sind grober Schotter und Steine, um eine gute Drainage zu erzielen. Im Süden liegt ein kleiner Teich, wenn man mag, um zum Beispiel Brunnenkresse, Wasserpfeffer oder Eidechsenschwanz für die Küche zu ziehen.

Im unteren Bereich, der schön „fett", das heißt humos ist, haben wir Minzen und Wildkräuter wie Löwenzahn und Spitzwegerich oder zum Beispiel Hirschhornwegerich. Es folgen, nach oben steigend, je magerer die Erde wird, typische Küchenkräuter wie Petersilie, Schnittlauch, Kerbel, Estragon, Basilikum.

Je weiter wir nach oben klettern, desto mediterraner wird es. Nun kommen Bohnenkraut, Ysop, Oregano, Thymian oder Salbei – aber auch die Monarden oder Agastachen aus Nordamerika fühlen sich hier wohl. Ganz oben mögen es Lavendel und Rosmarin.

Kräuter schneiden im Herbst

Zwar wird oft empfohlen, Kräuter im Herbst zu schneiden, aber so ganz hat sich diese Praxis mir nicht als nützlich offenbart. Vielmehr ist aus meiner Erfahrung zu konstatieren, dass die Pflanzen über Winter einen besseren Schutz behalten, wenn sie ungeschnitten sind. Schnee, Frost, starker Regen und Kälte werden viel besser vertragen, wenn die Pflanzen erst im April geschnitten werden, vielleicht sogar, wenn man die ersten frischen Triebe sieht.

Wenn man seine Pflanzen das ganze Jahr über erntet, empfehle ich, das Ernten und Schneiden nach der Blüte einzustellen, damit sich die Kräuter noch einmal einen schönen Schutz anwachsen lassen können. Und somit endet das Kräuterjahr fast bis auf ein paar wenige „Winterlinge", die erst spät im Herbst keimen und die wir auf unserer Reise kennengelernt haben, so das Felsenblümchen und sein Kumpel, das Lauchhellerkraut. Das Barbarakraut oder der Feldsalat. Was uns aber ganz fantastisch über den Winter begleitet, ist das Postelein, wie wir gleich sehen werden.

Die Freunde der Bäume

Wer seinen Bäumen, vor allem Obstbäumen, etwas Gutes tun will, der pflanze auf die Baumscheibe an der nördlichen Seite Beinwell, Brennnessel, alle möglichen Lauchgewächse, wie zum Beispiel Rosslauch oder Weinbergslauch, Löwenzahn, Meerrettich, Reinfarn, Schafgarbe oder Wegwarte, zur Stärkung der Bäume und zum gesunden Austausch diverser förderlicher Stoffe. Aber auch Bärlauch oder Waldmeister fühlen sich unter Laubbäumen wohl – übrigens tun diese und die folgenden Kräuter auch den Beerenbüschen gut.

Um bestäubende Insekten anzulocken, kommen unsere Lippenblütler auf der Sonnenseite der Bäume zum Einsatz, so zum Beispiel Bohnenkraut, Lavendel, Melisse, Oregano, Pfefferminze, Salbei, Taubnesseln, Thymian, Wiesen-Salbei, Ysop oder Zitronenmelisse. Ganz robust ist auch die kretische Melisse, die herrlich nach Mandarine duftet.

Natürlich ist auch die Brennnessel ein guter Baumbegleiter und, wie wir schon gehört haben, mögen sich der Wermut und die Johannisbeere. Der für den Menschen giftige rote Fingerhut soll den Ertrag von Obstbäumen steigern und ganz besonders die Gesundheit der Bäume fördern. Außerdem leuchtet er äußerst dekorativ mit seinen Blüten.

Linnés Blumenuhr

„... wir lassen alle Uhren zerschlagen, alle Kalender verbieten und zählen Stunden und Monde nur nach der Blumenuhr, nur nach Blüte und Frucht."

GEORG BÜCHNER, „LEONCE UND LENA"

Wer im wahrsten Sinne die Sonne in seinen Garten bringen will, der lasse sich von einer besonderen Erfindung aus dem 18. Jahrhundert inspirieren. Carl von Linné (1707–1778), der schwedische Naturforscher, hat nicht nur die gesamte Flora und Fauna für uns ordentlich eingeteilt und beschrieben, er ist auch der Erfinder der sogenannten Blumenuhr. Es handelt sich dabei um ein Blumenbeet, das die Form eines Ziffernblatts hat, auf dem die 12 Markierungen für die vollen Stunden mit Kräutern bepflanzt sind, die zur jeweiligen Stunde des Tages blühen. Linné hatte die entsprechenden Pflanzen genau beobachtet und so konnte die Blumenuhr zur Verblüffung seiner Mitmenschen die Uhrzeit tatsächlich fast auf die Minute genau anzeigen. Dass Linné bei aller ernsthaften Wissenschaft ein solch fröhliches und praktisches Blumenbeet erfand, zeigt seine leidenschaftliche Begeisterung für die Natur.

Der etwas andere Wintergarten – ein Winter auf Balkonien

Natürlich ist der Sommer für Kräuterfreunde die schönste Jahreszeit, aber auch im Winter müssen wir keineswegs auf unsere geliebten Küchenbegleiter verzichten. Deshalb möchte ich mit Ihnen zum Schluss einen kleinen Exkurs in üppiges Wintergrün unternehmen. Wenn wir unsere Balkonkästen und Kübel schon im Spätsommer besäen oder mit vorgezogenen Pflanzen für den Winter rüsten, muss das kein Traum bleiben. Vielleicht haben wir ja Lust, an einem lauen Sommerabend im August mal ein paar Samen zwischen die Sommerblumen zu streuen, um zu sehen, was sich ab September, spätestens November tut. Neben altbekanntem Feldsalat und neu entdecktem Postelein kommen noch andere überraschende Winterfreuden auf uns zu. Die Rucola-Verwandten Felsenblümchen und Lauchhellerkraut zum Beispiel gedeihen genauso gut wie der Exot aus Japan, der Wasabi. Eine Pflanze genügt, um seine saftig-milden Blätter ab und an zu naschen. Und keine Angst, erst im Herbst entfaltet sich die Pflanze richtig, wenn die Tage kühler werden, und sie mag es schön feucht, denn eigentlich steht sie in fließendem Gewässer und ist damit ihrer Verwandten, unserer Brunnenkresse, sehr ähnlich.

Postelein – *Claytonia perfoliata* oder *Montia perfoliata*

Charakter: Jürgen Dahl bedauert noch 1984 in der Zeitschrift „natur", dass man den Winterportulak nur noch als Unkraut in Gärtnereien antrifft, so wie auch den echten Portulak, der das sommerliche Pendant zum Postelein für unsere Salatvariationen bedeutet. Der aus dem Westen Nordamerikas stammende Wintersalat braucht guten, unbelasteten halbschattigen Boden, um üppig zu gedeihen, und hat sich seit der Einführung in Europa als Neophyt ganz gut eingelebt. Vor allem in Norddeutschland und in Baden am Rhein findet man ihn wild auf Ackerland und im Garten. Seit Mitte der 1990er Jahre tauchen all diese herrlichen Wildkräuter wieder auf und sind seit den Internetzeiten leicht zu beziehen. Heutzutage ist Postelein nicht nur im Bioladen als frisches Kraut zu kaufen, sondern auch im Supermarkt oder bei den orientalischen Läden um die Ecke.

Küchenlatein: Postelein schmeckt leicht nussig und ist knackig, frisch. Als Wintersalat und auch gekocht ist er ein kulinarisches Erlebnis.

Talente: Der Winterportulak ist ein altes indianisches Heilkraut, das gegen Appetitlosigkeit und bei Augenschmerzen helfen soll, aber vor allem birgt es viel Vitamin C und wichtige Mineralien wie Eisen, Kalzium und Magnesium.

Garten: Der Anbau von Postelein ist denkbar einfach. Einmal im späten Sommer gesät, kann man ihn den ganzen Winter ernten und lässt man einige Pflanzen stehen, sät er sich selbst ab 12 °C Außentemperatur rechtzeitig aus und muss lediglich vereinzelt werden.

Es muss also kein Balkonkasten, Kübel oder Gartenbeet im Winter mehr kahl sein, sondern voll mit leckerem Postelein. Für kleine und kleinste Gärten also ideal.

Zuletzt ein Dank

Inmitten der Recherche zu diesem Band über Kräuter kramte ich in den Tiefen meines Oberstübchens und erinnerte mich an die Zeitschrift „natur", deren unverkäufliche Erstausgabe ich immer noch zwar auf dem Speicher, aber wie einen Schatz hüte. Mit der Leiter in den Giebel kriechend, entstaubte ich die Ausgaben von 1980 bis in die späten 1990er Jahre und entdeckte dabei auch wieder die herrlichen Garten-Essays des leider schon verstorbenen Journalisten und Gärtners Jürgen Dahl. Ihm und Horst Stern sei Dank dafür, dass mein kindlicher Zorn über die verseuchte grüne Welt in handfeste und philosophische Bahnen gelenkt und ein gewaltiger Schatz an Daten und Informationen aufbereitet wurde. Die monatliche Zeitschrift „natur", die es glücklicherweise immer noch gibt, hat wohl ganze Generationen von grünen Denkern geprägt und ohne sie wäre sicher so mancher Stein nicht ins Rollen gekommen! Mich selbst aber hat vor allem Horst Sterns kritischsachliche Art, gepaart mit bedingungslos liebendem Blick fürs Detail beeinflusst. Meine Liebe zu Kräutern wurde von meinen Eltern, aber auch von Autoren wie Maurice Mességué, Wolf Dieter Storl, Margret Madejsky und Marie Luise Kreuter geschürt. Erst spät begann ich auf die Kräuter selbst zu „hören", denn wer würde es wagen zu behaupten, Informationen auf ähnlich mystischem Wege wie Hildegard von Bingen zu empfangen. So ist es aber, und jeder kann sehen und hören, was die Natur erzählt. Wer Pflanzen liebt, der hört, fühlt und sieht sie schon – oder besser: nimmt sie wahr. In diesem Sinne möchte ich jeden ermuntern, der Stimme der Natur zu lauschen, ihre Wesen zu betrachten oder sie mal wieder mit Goethe zu bestaunen:

Freudig war vor vielen Jahren
Eifrig so der Geist bestrebt,
Zu erforschen, zu erfahren,
Wie Natur im Schaffen lebt.
Und es ist das ewig Eine,
Das sich vielfach offenbart:
Klein das Große, groß das Kleine,
Alles nach der eignen Art;
Immer wechselnd, fest sich haltend,
Nah und fern und fern und nah,
So gestaltend, umgestaltend –
Zum Erstaunen bin ich da.

Bibliografie

Arrowsmith, Nancy: „Herbarium Magicum", Allegria – Ullstein, 2007

Bader, Marlis: „Räuchern mit heimischen Kräutern", Goldmann,
6. Auflage, 2008

Bairacli Levy, Juliette de: „Das Kräuterhandbuch für Stall und Weide",
Zweitausendeins, 1. Auflage, 1987

Bosse, Hannes: „Hexenkraut und Hahnenfuß – Wildpflanzen, die man
kennen muss", Verlag Junge Welt Berlin, 1987

Bown, Deni: „The Royal Horticultural Society – Die neue Kräuter-Enzy-
klopädie", Dorling Kindersley, Deutsche Ausgabe 2005

Brand, Christa und Brigitte Buser: „Die 365 schönsten Kräuter, Blüten und
Rosen", DVA Deutsche Verlags-Anstalt, 1. Auflage, 2008

Brooke, Elisabeth: „Von Salbei, Klee und Löwenzahn", Verlag Herrmann
Bauer, 3. Auflage, 1997

Byers, Dorie: „Herbal remedy gardens", Storey publishing, 1999

Caspari, Dr. Fritz: „Fruchtbarer Garten – Naturgemäße Gartenpraxis",
Wirtschaftsverlag M. Klug GmbH, 1964

Cunningham, Scott: „Enzyklopädie der magischen Kräuter", Darmstadt,
Schirner Verlag, 2006

Dahl, Jürgen: „Nachrichten aus dem Garten", dtv/Klett-Cotta, 1. Auflage,
1989

Dahl, Jürgen: „Wildpflanzen im Garten", GU Gräfe und Unzer, 1. Auflage,
1985

Dinhopl, Anda: „Frauenkräuter – das Handbuch für Frauen", Wien,
Milena Verlag, 2002

Ewald, Dr. Elisabeth: „Pflanzenkunde", Bayerischer Schulbuchverlag,
3. Auflage, 1953

Farrar, Linda: „Ancient Roman Gardens", The Histroy Press, 2001 Reprint

Fleischhauer, Steffen Guido: „Enzyklopädie der essbaren Wildpflanzen",
AT Verlag, 4. Auflage, 2003

„Geheimnisse und Heilkräfte der Pflanzen", Verlag das Beste, 2. Auflage,
1980

Gemoll, Wilhelm: „Griechisch-Deutsches Schul-und Handwörterbuch",
G. Freytag Verlag/Hölder-Pichler-Tempsky, 7. Auflage, 1959

Genaust, Helmut: „Etymologisches Wörterbuch der Botanischen Pflanzen-
namen", Nikol Verlagsgesellschaft, 3. Auflage, 2005

Goethe: „Goethe erzählt sein Leben", Herausgegeben von Hans Egon
Gerlach und Otto Herrmann, Fischer Taschenbuch, März 1982

Göök, Roland: „Das Buch der Gewürze", Mosaik Verlag, 1977

Hildegard von Bingen – „Causae et curae" neu übersetzt von Ortrun Riha, herausgegeben von der Abtei St. Hildegard, Rüdesheim/Eibingen, Beuroner Kunstverlag, 1. Auflage, 2011

Hildegard von Bingen – „Physika" neu übersetzt von Ortrun Riha, herausgegeben von der Abtei St. Hildegard, Rüdesheim/Eibingen, Beuroner Kunstverlag, 1. Auflage, 2012

Holt, Geraldine: „Kräuter", Kaleidoskop Buch, 4. Auflage, 2006

Hücking, Renate: „Mit Goethe im Garten", Callwey Verlag Georg D. W. Callwey, 2013

Kaschnitz, Marie Luise: „Der alte Garten", Suhrkamp Taschenbuch, 6. Auflage, 1982

Kölbl, Konrad: „Kölbl's Kräuterfibel", Reprint-Verlag Konrad Kölbl, 19. Auflage, 1982, Jubiläumsausgabe

Kreuter, Marie-Luise: „Kräuter und Gewürze", BLV Verlag, 7. Auflage, 1995

Kreuter, Marie-Luise: „Pflanzenschutz im Bio-Garten", BLV Verlag, 1990

Lestrieux, Elisabeth und Jelena de Belder: „Der Geschmack von Blumen und Blüten", Monte von Dumont, 2000

Madejsky, Margret: „Lexikon der Frauenkräuter", AT Verlag, 4. Auflage, 2012

Maier, Robert (Hrsg.): „Liber de Coquina – Das Buch der guten Küche", F. S. Friedrich Verlag, 3. Auflage, 2005

Maier, Robert (Hrsg.): Apicius, Marcus Gavius: „De re Coquinaria" – „Über die Kochkunst", Lateinisch-Deutsch, Philipp Reclam, 1991

Maubach, Anja: „Das Staudenhandbuch" Dialog mit Stauden, Arends Maubach Staudengärtnerei und Gartenkultur

McVicar, Jekka: „Kräuter", München, Dorling Kindersley Verlag GmbH, Starnberg, 2003

Mességué, Maurice: „Das Mességué Heilkräuter Lexikon", Moewig Sachbuch, 1980

Mességué, Maurice: „Die Kräuterküche", Ullstein Sachbuch, 1992

Mességué, Maurice: „Gesund und schön", Badendruck GmbH, 1. Auflage, 1992

Meurers-Balke, Jutta und Tünde Kaszab-Olschewski: „Grenzenlose Gaumenfreuden – Römische Küche in einer germanischen Provinz", Philipp von Zabern, 2010

Paturi, Felix R.: „Heilschnäpse und Kräuterliköre", München, Bassermann Verlag, 2007

Peithner, Prof. Mag. Pharm. Dr. Gerhard: „Silphion – ein Nachruf", Österreichische Apothekerzeitschrift, 55. Jahrgang, Nr. 23, 12.11.2001

Pelikan, Wilhelm: „Heilpflanzenkunde I, II und II", Verlag am Goetheanum

Phillips, Roger: „Herbs", Pan Books, 1990

Phillips, Roger: „Wild Food", Pan Books, 1983

Posavac, Hans-Peter: „Schneckenflüstern statt Schneckenkorn", Verlag Neue Erde, 4. Auflage, 2011

Reppert, Bertha: „Growing your Herb Business", Storey publishing, 1994

Richberg, Inga-Maria: „Altes Gärtnerwissen – wieder entdeckt", BLV Verlagsgesellschaft, 6. Auflage, 2001

Storl, Wolf-Dieter: „Der Kosmos im Garten", AT Verlag, 4. Auflage, 2001

Storl, Wolf-Dieter: „Heilkräuter und Zauberpflanzen – zwischen Haustür und Gartentor", Knaur MensSana, Taschenbuchausgabe, 2007

Storl, Wolf-Dieter: „Kräuterkunde", Aurum Verlag, 2. Auflage, 2004

Storl, Wolf-Dieter: „Pflanzen der Kelten", AT Verlag, 2. Auflage, 2001

Storl, Wolf-Dieter, Christian Rätsch und Claudia Müller Ebeling: „Hexenmedizin", AT – Verlag, 6. Auflage, 2008

Strabo, Walahfried: „De cultura Hortorum – Über den Gartenbau", Philipp Reclam, 2002

Tegetthoff, Folke: „Kräutermärchen", Nymphenburger Verlag,12. Auflage, 2006

Tegetthoff, Folke: „Neue Kräutermärchen", Nymphenburger Verlag, 4. Auflage, 2007

Thomson, William A. R. (Hrsg.): „Heilpflanzen und ihre Kräfte", Colibri

Thüry, Günther E. und Johannes Walter: „Condimenta – Gewürzpflanzen in Koch und Backrezepten aus der römischen Antike", Institut für Botanik und Botanischer Garten der Universität Wien, 1997

Wichtl, Max: „Teedrogen und Phytopharmaka", Mödling bei Wien, Wissenschaftliche Verlagsgesellschaft Stuttgart, 5. Auflage, 2009

Internet:

www.naturkraeutergarten.de

www.floraweb.de

www.pfaf.org

www.newtritionink.de – essbare Neophyten und anderes

www.essbare-wildpflanzen.de

Bezugsquellen:

Frische Kräuter: Naturkräutergarten by Maiga Werner, Fronhofen 2, 54483 Kleinich, 0178 3000 336, www.naturkraeutergarten.de, maiga@naturkraeutergarten.de

Saatgut: Dreschflegel, Postfach 1213, 37202 Witzenhausen, Tel. 05542-502744, dreschflegel@biologische-saaten.de

Register

Absinth 18
Ackerminze 127
Agastache 50
Alchemilla 93
Alexanders 25, 27
Angelikamärchen 108
Anis 38
Apicius 27, 39, 70, 124
Apiol 98
Apoll 30
Artemis 14, 23
Artemisia 14, 74
Asant 40
Austernpflanze 140
Bachminze 127
Baldrian 84
Balkonkästen 158
Bärenklau 109
Bärenklauküchlein 110
Bärlauch 136
Bärlauch-Giersch-Pesto
  138
Bärwurz 99
Basilikum 96, 115
Beifuß 16, 23
Beinwell 142
Bertram 63
Blattgemüse 83
Blattläuse 72
Blutampfer 82
Borretsch 141
Bosse, Hannes 133
Brand, Christa 88
Brennnessel 37, 69
Brennnesselauflauf 70
Brennnesselmärchen 73
Brunnenkresse 132
Buntblatt 113
Buser, Brigitte 88
Chicorée 77

Culantro 113
Dahl, Jürgen 103, 134
Damaszener Rose 88
Dill 65, 96
Dioscurides 41
Doldengewächse 98
Dost 124
Eberraute 22
Eidechsenschwanz 113
Endiviensalat 77
Engelwurz 106
Erdbeeren 85
Erdkastanie 47
Erdmandel 47
Estragon 20
Euripides 30
Feldsalat 85
Felsenblümchen 133
Fenchel 63, 66
Fleischhauer, Steffen
  Guido 84, 93
Frankfurter Grüne
  Soße 91
Frauenmantel 93
Frostkeimer 152
Galgant 60, 62
Gartenkresse 128
Garten-Senfrauke 131
Gartentradition 146
Gelbdolde 25
Giersch 103, 104
Gletscherraute 23
Glockenblume 86
Goethe, Johann Wolf-
  gang von 151
Goldmelisse 51
Graupe, Friedrich 109
Gundelrebe 116
Gundermann 116
Gurkenkraut 141

Haferwurzel 79
Hagebutte 88
Hagebuttenmarmelade
  89
Hildegard von Bingen
  56, 58, 64, 66
Houttuyn, Maarten 113
Hunderblättrige Rose
  88
Hundsrose 88
Hungerblümchen 133
Ingwer 60
Johanniszwiebel 134
Kandierte Engelwurz
  107
Kapuzinerkresse 51
Kardamom 62
Karl der Große 42
Kartoffel 150
Katzenminze 30
Kerbelrübe 47
Kletterrose 88
Klostergarten 56
Knolliger Kälberkropf
  47
Knöterichgewächse 80
Kohlgewächse 128
Kölbl, Konrad 91
Koller, Sepp 109
Korbblütler 12, 74
Koriander 111
Koriander-Digestif 112
Kräutergarten 146
Kräuterkübel 153
Kräuterschnitt 155
Kräuterspirale 154
Kräuterstreuer 127
Kresseschälchen 129
Kreuzblütler 128
Kreuzkümmel 45

166 | Die Liebe zu den Kräutern

Küchenkräuter 96
Kümmel 44
Kümmelkartoffeln 44
Kurkuma 60
Lavendel 120
Lichtkeimer 152
Liebstöckel 102
Linné, Carl von 157
Linnés Blumenuhr 156
Lippenblütler 115
Liquamen 39
Löwenzahn 37, 75
Lucilius, Gaius 81
Luftetagenzwiebel 134
Madejsky, Margret 22, 48, 93
Majoran 125
Mars 88
Melde 36
Melisse 122
Mességué, Maurice 20, 75, 116
Minze 126
Mittelalter 149
Möhre 47
Monarde 50
Moosrose 88
Neophyten 33
Nero 41
Oregano 124
Oreganobrötchen 124
Oxalsäure 82
Pastinake 46
Perilla 45
Petersilie 99
Petersilienwein 100
Petersilienwurzel 47
Pfeffer 24
Pfefferkraut 130
Pferdeeppich 25
Phillips, Roger 25
Pimpinelle 90

Portulak 34, 159
Postelein 159
Quendel 64
Radicchio 77
Rapunzel 85
Rapunzel (Glockenblume) 86
Raublattgewächse 140
Recao 113
Römische Küche 24
Römisches Moretum 31
Rose 87, 88
Rosengelee 89
Rosensirup 89
Rosmarin 96, 118
Rosmarinkartoffeln 120
Rucola 131
Safran 30
Salbei 48
Salsa verde 96
Sämling 152
Sankt Galler Klosterplan 150
Sauce bérnaise 21
Sauerampfer 37, 81, 82
Schildampfer 82
Schirmblütler 98
Schmalblättriger Doppelsame 131
Schnittknoblauch 139
Schnittlauch 135, 136
Schwarzwurzel 79
Sellerie 47
Shiso 45
Silberraute 23
Silphium 41
Sonnemann, Friedmunt 133
Spanischer Thymian 123
Steckling 152
Stein der Weisen 93

Sterntaler 74
Stockrose 88
Storl, Wolf-Dieter 75
Strabo, Walahfried 56
Süßdolde 104
Tapetenrose 90
Taubnessel 118
Tegetthoff, Folke 73, 102, 108
Teufelskralle 86
Thymian 123
Vap Cha 113
Venus 88
Verveine 53
Vichyssoise 138
Vietnamesischer Koriander 114
Vorkultur 72
Wasabi 130
Wasserminze 127
Wegwarte 77
Weihnachtsgans 17
Weinraute 29
Wermut 18
Wiesenbocksbart *79*
Wiesenknopf 90
Wiesenknöterich 83
Wildgemüse 37
Wintergarten 158
Winterportulak 159
Wurzelgemüse 47
Ysop 26
Zitronen-Katzenminze 33
Zitronenthymian 123
Zitronenverbene 52, 150
Zuckerwurz 47

167 | REGISTER

Bildnachweis
Bridgeman Art Library: S. 9, 10, 15, 19, 24, 39, 40, 57, 61, 74, 92, 147; Fotofinder/Arco Images: S. 54; Fotolia: S. 4, 16, 32, 33, 34, 44, 45, 46, 47, 67, 71, 79, 90, 105, 106, 114, 119, 143, 154; iStockphoto: S. 3; Living Circles: S. 157; Okapia: S. 59; Christine Paxmann: S. 6, 13, 43, 51, 94, 97, 121; Plainpicture: U1; Stockfood: S. 17, 21, 22, 23, 31, 38, 49, 101, 122, 129, 138, 144, 153, 158, 162; Alexander Taube: S. 81; Maja Twesten: S. 110; Maiga Werner: S. 28, 37, 53, 76, 78, 80, 83, 86, 100, 102, 112, 117, 131, 133, 135, 139, 141, 161, 167; Wikimedia: S. 42, 149 (Feles), 87 (S.L.Kozhin)

Zitatnachweis
S. 16: Madejsky, „Lexikon der Frauenkräuter", S. 59; S. 20: Mességué, „Das Mességué Heilkräuterlexikon", S. 127–130; S. 22: Madejsky, „Lexikon der Frauenkräuter", S. 86–87; S. 22: Bader, „Räuchern mit heimischen Kräutern", S. 63–66; S. 25: Phillips, „Wild Food", S. 22; S. 27: Maier/Apicius, „De re Coquinaria", S. 57 (4. 19.); S. 28: Strabo, „De cultura Hortorum", S. 11; S. 48: Madejsky, „Lexikon der Frauenkräuter", S. 213; S. 52: ebd., S. 141; S. 60: Hildegard von Bingen, „Physica", S. 33; S. 62: ebd., S. 30–32; S. 63: ebd., S. 37–38; S. 64: ebd., S. 46; S. 64: Bader, „Räuchern mit heimischen Kräutern", S. 138–141; S. 70: Maier/Apicius, „De re Coquinaria", S. 63 (4. 36.); S. 73: Tegetthoff, „Kräutermärchen", S. 33–41; S. 75: Mességué, „Das Mességué Heilkräuterlexikon", S. 223–225; S. 75: Storl, „Heilkräuter und Zauberpflanzen", S. 229–250; S. 77: Bosse, „Hexenkraut und Hahnenfuß", S. 28; S. 81: Meurers-Balke/Kaszab-Olschewski, „Grenzenlose Gaumenfreuden", S. 84; S. 84: Fleischhauer, „Enzyklopädie der essbaren Wildpflanzen", S. 357; S. 88: Brand/Buser: „Die 365 schönsten Kräuter, Blüten und Rosen", S. 11; S. 91: Kölbl, „Kölbls Kräuterfibel", S. 207; S. 91: Bosse, „Hexenkraut und Hahnenfuß", S. 12; S. 93: Fleischhauer, „Enzyklopädie der essbaren Wildpflanzen", S. 30; S. 93: Madejsky, „Lexikon der Frauenkräuter", S. 102; S. 99: Mességué, „Das Mességué Heilkräuterlexikon", S. 266–269; S. 102: Tegetthoff, „Neue Kräutermärchen", S. 73; S. 102: Strabo, „De cultura Hortorum", S. 21; S. 102: Tegetthoff, „Kräutermärchen", S. 7–13; S. 116: Mességué, „Das Mességué Heilkräuterlexikon", S. 55–57; S. 118: ebd., S. 291–294; S. 125: ebd., S. 229; S. 132: Bosse, „Hexenkraut und Hahnenfuß", S. 34

Trotz intensiver Bemühungen war es leider nicht in allen Fällen möglich, den jeweiligen Rechteinhaber ausfindig zu machen. Für Hinweise sind wir dankbar. Rechtsansprüche bleiben gewahrt.

Alle Informationen und Rezepte in diesem Buch wurden mit Sorgfalt zusammengestellt und überprüft. Dieses Buch soll dem Einzelnen als Anregung dienen. Für seine Handlungen ist der Einzelne jedoch selbst verantwortlich. Eine Haftung des Verlags und/oder der Autorin für Umstände, die aus oder im Zusammenhang mit der Nutzung des Buches resultieren, ist ausgeschlossen. Insbesondere ersetzt dieses Buch keine professionelle oder psychologische Hilfe bei Krankheiten und sonstigen Beschwerden.

ISBN 978-3-86362-032-5

Gestaltung, Bildredaktion und Satz: Christine Paxmann text • konzept • grafik, München

Alle Rechte vorbehalten. Die Verwertung der Texte und Bilder, auch auszugsweise, ist ohne Zustimmung des Verlages urheberrechtswidrig und strafbar. Dies gilt auch für Vervielfältigungen, Übersetzungen, Mikroverfilmungen und für die Verarbeitung mit elektronischen Systemen.

Copyright © 2014 Verlags- und Vertriebsgesellschaft
Dort- Hagenhausen Verlag- GmbH & Co. KG, München

Printed in Germany 2014

Verlagswebsite: www.d-hverlag.de